许忠裕　关妮纳　李 双◎主编

新质生产力赋能：

广西农业科技传播的实践与创新研究

XINZHI
SHENGCHANLI FUNENG:

GUANGXI NONGYE KEJI CHUANBO DE
SHIJIAN YU CHUANGXIN YANJIU

中国农业出版社
北 京

基金项目：

广西农业科学院科技发展基金项目阶段性成果（项目编号：桂农科2024ZX30）

广西农业职业技术大学"2024年校级科研项目"阶段性成果（项目编号：XSK2405）

本书编委会

前言

工欲善其事，必先利其器。

建设农业强国，利器在科技。

从古代农耕智慧到新时代治国理政新理念，在人类文明演进的过程中，科技传播始终发挥着重要作用。当下，我们正站在一个崭新的历史节点之上，正在参与和见证一个关键的转折点到来，这就是新质生产力正以不可逆转之势重塑包括农业生产在内的经济社会发展的底层逻辑。立足这个以科技创新为核心驱动力的时代，通过重构农业科技传播生态加速农业领域的生产力跃迁，给农业插上科技的翅膀，将是推进农业迈向现代化的必由之路。

农业科技传播关乎着粮食安全的根基稳固、乡村产业的振兴发展。进入新阶段，农业科技传播的使命已非简单的传递技能，而是要推动农业发展观的根本转型，培育深植中国土壤的农业现代化方案。然而，长期以来农业科技传播深陷泥泞道路：科研成果丰硕却高悬于殿堂，屡遇"最后一公里"的实践鸿沟；知识创新泉涌不断却如单向之水，浇灌不均造成发展洼地；前沿技术赋能千行百业却与农民彼此陌生，小农户边缘化风险若隐若现。传统农业科技传播模式这驾老旧的"马车"，已然难以拉动当下由人工智能、数字智慧编织而成的未来农业。

风起于青蘋之末，力成于转型之机。当人工智能蓬勃兴起、新质生产力的浪潮汹涌而至，犹如强劲东风催动着农业科技传播生态的重构与升级。生产力实践的范式革新，使农业从经验驱动迈向数据驱动，从"模糊直觉"进化为"数字智能"；生产力文化的认同重塑，使政策制定者、科研院所专家、市场前端、传播媒介与一线实践者在新质生产力中共生共荣，农民不再是"被动接收者"，而是"技术—传播—生产力"共创共享的有机伙伴。新质生产力赋能，更是一场深入肌理的观念洗礼与生态重建。

广西，当我们驻足凝视这片农耕文明历史悠久的土地，桂南的"那文化"、桂北的"龙脊梯田"等重要农业文化遗产，就是一部历久弥新的农业科技传播史，反映了八桂大地先民们的农耕智慧以及与自然和谐共生的技术体系。广西，当我们躬身拥抱这片特色农业充满生机的土地，农业科技传播的角色和使命面临着破局与重构，从技术推广的"传播器"进化为生产力革新的"催化剂"，抒写着给农业大省区插上科技翅膀的创新篇章。

恰逢此深刻变革之际，《新质生产力赋能：广西农业科技传播的实践与创新研究》应时而生。

主编　许忠裕

2025 年 6 月 21 日

目录

第一章 农业科技传播的总体概述

第一节　农业科技传播的科学内涵

广义而言，农业科技传播是传播学大类中的具体分支领域。传播学是一个处在十字路口的学科，具有跨学科特性，在人类文明发展史中，传播行为贯穿人类生产生活的始终。顾名思义，农业科技传播学是一门综合性学科，它融合了农学和传播学，不仅涵盖这两门学科原有的知识体系，还包含因二者交叉而衍生出的、与其他学科相关的新知识，如涉及社会学、管理学的内容。狭义来看，农业科技传播是农业传播的具体落点。农业是人类社会赖以生存的基础性生产活动，早期人类社会的诞生与农业息息相关。作为人类文明重要的传播行为之一，农业传播伴随着人类社会的出现而产生。农业传播学专注于探究与农业紧密相关的信息传播现象和规律，其核心在于运用传播学的基本原理、观点和方法，同时兼顾农业的独特性。作为一门具备高度实践性和应用性的学科，农业传播学实际上是传播学在农业领域的深度融合与拓展，主要研究农业信息传播中的现象、问题、过程、状态、结构、功能以及它们之间的相互作用关系，进而探寻和揭示农业传播的内在规律。农业科技传播来源于农业生产生活，以生产实践为导向的特点决定其具有极强的实践性，即遵循"从实践中来，再回到实践中去"的工作方法，并以提高农业生产力和农民科学素养、推动农业现代化和乡村振兴为目标。因此，在农业信息化加速发展与技术快速演变的背景下，具有明显指向性的农业科技传播，其必然性和紧迫性日益凸显。

此外，农业科技传播是最早的科技传播之一。翟杰全（1999）认为，科技传播是科技知识信息通过跨越时空的扩散而在不同个体间实现知识共享的过程，换句话说，科技传播不等于科学普及，其包括两层内涵：一是科技知识信息由一到多的浅层次传达过程；二是可能引起认知、态度、行为等系列效果的深层次作用。畅通的科技传播环节能促进知识的产生、知识成果的应用、知识经济的发展等各方面进步。科技传播最早起源于国外传播学，20世纪40年代，瑞恩和格罗斯对杂交玉米推广的调研，引发了大规模的扩散研究，这便是国外传播学最早关注的科技传播现象之一。因此，当传播学的分支——农业传播学和科技传播两者交汇时，便催生了农业科技传播。它既在农业传播的范畴之内，又与科技传播的理念密不可分，从根本来看，其核心目标在于促进农民接纳新知识，进而推动他们转变长期形成的传统生产观念和习惯，通过有效的信息传播和交流，引导农民采用更现代、更科学的生产方式，从而提高农业生产效率和质量，推动现代农业发展。

关于农业科技传播的定义，学界尚未达成共识。闵阳（2014）认为，农业科技传播是将农业科技知识信息通过各种渠道扩散传达到不同受众群体或个体，从而实现农业科技知识信息的共享，促进现代农业的发展。熊红军（2013）则认为，农业科技传播是将公共、准公共、私人知识与信息转化为公益化服务的过程，转化过程是运用好传播学理论与方法彻底解决农业科技传播"最后一公里"问题，让广大受众能吸收运用农业科技知识指导其生产生活。由此可见，大多数学者都认同农业科技传播的核心是实现农业科技知识信息的动态共享。本书认为，可借助传播学中的"5W"理解农业科技传播，即政府、各类社会组织、个人等主体（Who），将农业科学技术信息和知识（Says what）通过各种多样化的方式或渠道（In which channel）扩散传达到农业生产全链条中不同节点的组织或个人（To whom），从而力求达到农业场域内信息和知识的动态平衡状态（With what effect）。但在信息化时代下，农业科技传播内容进一步升级，还包括农业信息化普及这一关键维度，其鲜明特色在于打破知识和信息鸿沟、促进智慧农业发展、提高农民科技素养和媒介素养。

由于缺乏广为接受的统一定义，大多数人通常将农业科技传播泛化或等同为农业信息传播、农业技术传播或农业技术推广。但本书认为，农业科技传播与该三者不可画等号，存在一定的区别：农业信息传播更强调农业信息的来源、传播渠道、效果；农业技术传播和农业技术推广则通常指通过示范、试验等更为直观和具体的沟通方式，将科技创新成果和技术应用于农业生产的过程中；而农业科技传播应包含农业技术推广和农业技术传播，并具有更广的内涵。此外，许多人会陷入将农业科技传播窄化为农业科技成果转化的思维误区，但农业科技传播不等同于农业科技成果转化。农业科技成果转化是农业科技传播的重要任务之一，但并非全部。从宏观视角看，农业科技传播的使命在于在农业发展中适应性、创造性地运用传播学理论知识，通过各种途径和方式传播农业新技术、新知识和信息，推动农业科技成果转化，促进生产力的发展，从这个角度来看，农业科技传播是连通农业科技创新成果和现实生产力的桥梁和纽带。从微观视角看，农业科技传播到农业科技成果转化并非一前一后的直接因果关系，其中包含着不同主体认知、态度、行为等系列复杂转变和相互作用，且这个过程不一定是一帆风顺的，往往会历经反复的探索和曲折。

由此看来，厘清科技传播与科学普及和成果转化、推广与传播、科技与技术的认识误区，是理解农业科技传播科学内涵的关键。既不能将其简单理解为农业科技知识的普及或技术的推广，也不能将其理所当然地视为科技成果转化。虽然具有极强的成果导向性，但在信息化时代，农业科技传播同样需要注意潜移默化的影响。科学技术知识和信息的有效传达，与提升农民在新媒体时代的科技素养和媒介素养同等重要。智慧农业发展的根本要求之一，正是缩小农民所面临的数字鸿沟。

总而言之，农业科技传播应当立足田野实际，脚踩田间的黄土地，眼观时代的发展，心连真实的农民，坚持"从田野中来，又回到田野中去"的实践路径。

第二节　农业科技传播的功能意义

作为连接农业科技创新与生产实践的关键桥梁，农业科技传播在推动现代农业发展进程中扮演着不可替代的角色。其功能与意义并非单一静态，而是呈现出多层次、多维度的动态特征。本节将从即时性效果、延时性效果与全局性作用三个递进层面，深入剖析农业科技传播的核心功能与深远意义，揭示其在促进科技成果转化、提升农民素养、助力乡村振兴等方面的核心价值，从而更全面地展现其在国家农业现代化与乡村发展蓝图中的战略地位。

一、即时性效果：现代化农业下促进农业科技成果转化

表面上看，我国农业科技成果总量并不低，但能够真正进入生产实践的科技成果比例却明显不足，最根本的原因在于信息传达体系的缺失和链条断裂导致的传播低效。我国农业科技创新从研发到落实再到实践有其自身的特点：农业科技创新主要由科研人员完成，科技信息和知识的传播工作往往由推广人员承担，而科技成果的运用者则是农民或企业等用户端。然而，由于科研人员久居城

市，对农村农民实际情况的了解可能存在偏差或缺漏等，研发人员、推广人员、农民和企业三者的话语体系相互割裂，各成一派，农业专家和农民、企业的供需难以有效匹配和衔接。换言之，当前阶段，我国农业科技成果的持有者、传播者以及接收者之间的协作与互动尚显不足，缺乏高效的沟通传递机制，这种脱节状态使农业科技信息和知识的传播事倍功半，导致一些农业科技成果难以有效转化为实际应用，进而未能形成与农业生产紧密结合的成果应用模式。而农业科技传播是连接农业技术与现实生产力的桥梁，贯通农业生产全过程，其致力于将科研创新、教育和生产运用三者紧密结合，弥合断裂的传播链条和构建统一的话语体系，从而实现农业传播最基本的要义，即将科学理念、先进技术、优良品种和成功经验等技术知识和信息高效传达给农业生产全过程中的各个主体，探索消除传播障碍和传播隔阂的方法，实现"让不知者知，让知者更深、更优"的目标，充分发挥农业科技信息与知识的"共享价值"。农业科技信息与知识具有明确的目标导向性和实用性，能够与生产力中的关键要素（劳动资料、劳动对象和劳动者）有效结合，进而转化为实实在在的现实生产力。加之现代农业的发展遵循科技发展道路，正处于传统农业向现代农业过渡的关键时期，因此，农业科技传播借助传播学理论深入分析农业成果转化实践，促进科学知识和技术在农业场域高效流通与循环，从而为农业注入源源不断的科技源泉。这不仅推动农业多元化功能的探索和产业升级，塑造现代农业发展的新优势，增强竞争力，也为经济长期稳定发展奠定坚实基础。

二、延时性效果：智慧农业趋势下提高农民科技素养

在智慧农业普及发展的背景下，农业正经历从依赖体力劳动向侧重脑力劳动的转变。这一变革极大地释放了劳动力，并显著提升了生产效率。通过对精准农业、智能农业、现代农业物联网等技术的应用，农民不仅可以更加精确地控制作物的生长环境，包括土壤湿度、温度、光照等因素，而且可以通过农产品信息流建立起消费者和农民的直接接触渠道。由此可见，在现代信息技术的迅猛发展和变化之下，程式化且具有一定功利性的推广方式已难以应对信息爆炸时代的挑战。而农业科技传播凭借本身所具有的导向性和实践性，关注传播中不同主体的特点和需求，且其旨在实现信息的双向共享，这种共享不一定是信息和知识由研发人员流向农民，相反，农民也可以将信息和知识向上反馈，从而实现农业场域内信息和知识的动态平衡状态。因此，强烈的"受众本位"意识使其以农民为核心，充分尊重农民需求，关切农民问题，并致力于提供有价值的服务。同时，农业科技传播强调常态性与日常化，如同传播行为无处不在一样，它也同样发生在传者和受者的日常生活中，如两位村民之间的谈话、技艺的示范等都可能是有效的农业科技传播。这种潜移默化的日常渗透，能够引导农民逐步打破传统的耕作模式和务农方式，从认知、态度到行动层面对农民进行改造。换言之，农业科技传播为广大农民群众提供了持续的、免费的田间教育机会，从而循序渐进地提高农民的科学素质。在新媒体传播渠道蓬勃发展的

时代，"授人以渔"比"授人以鱼"更为关键。对农民而言，掌握客观的科技知识和信息固然重要，但学会寻找、鉴别和管理知识与信息，才是适应智慧农业发展的根本。农业科技传播在打破知识和信息鸿沟方面发挥着不可或缺的作用，它能够潜移默化地促进农民知晓科学知识和信息、改变固有的观念和习惯、养成科学的理念和行为方式。

三、全局性作用：宏观视角下助力乡村振兴

随着科技成果的应用广泛渗透到社会各个领域，智慧农业和数字农业等新型农业形态正深刻改变着传统乡村的面貌，重构着传统乡村的格局，同时也为乡村振兴带来了新的机遇和挑战。在此进程中，科技在实现共同富裕中的关键作用及其产生的深远影响愈发凸显。因此，从乡村振兴视角看，农业科技传播不仅仅是简单的科技知识和信息传递，更是牵一发而动全身的战略性抓手。首先，从最显而易见的层面来说，农业科技传播能够提升农业生产效率，优化资源配置，带动农民收入增加，改善农民的生活质量，从而有效地促进农业和农村经济的持续健康发展。其次，农业科技传播的内容不仅包括对生产效率有直接影响的"硬科学"（如种植、养殖技术），也包括促进人文关怀和社会和谐的"软科学"要素（如生态理念、管理知识）。在生态文明和农村现代化建设日益重要的今天，在看得见的农业科学技术转向绿色和可持续方向的同时，农业科技传播所蕴含的与时俱进的农业发展和人与自然和谐共处理念也在润

物无声地传递至农村、深入农民心中。它所倡导的绿色发展理念，科学用肥、合理用药等现代科学环保生产方式，逐步改变着农民的观念，使其更好地适应技术与社会变革。农业科技知识和信息的专业性与农民理解的通俗化需求，决定了农业科技传播不可或缺的地位。农业科技传播在避免现代数字鸿沟可能带来的不平等问题时，引导农民建立起适应时代发展的农业发展价值体系，从而提高其整体素质，使其能以更文明、更积极的态度面对生活，推动文明乡风与整洁村容的形成，这也是建设资源节约型和环境友好型农村，改善农村生态环境和生活环境的重要内容。总而言之，当代的乡村振兴不只是侧重于经济发展的乡村振兴，更是政治、经济、文化、社会、生态等一体化的全面振兴，农业科技传播在其中发挥着关键的支持和动员赋权作用。

第三节　农业科技传播的时代特征

当前，全球信息化浪潮奔涌，我国农业农村现代化进程加速，农业科技传播所处的环境正经历深刻变革。这些变化深刻塑造了其传播格局、渠道模式与发展动力。本节将从农村社会结构变迁引致的精准传播需求、媒介技术革新推动的渠道与主体泛化以及政策与市场双重驱动下的发展导向三个核心维度，系统阐述农业科技传播在新时代呈现的鲜明特征，揭示其适应时代要求、服务国家战略的内在逻辑与发展趋势。

一、农村传播格局演变，精准传播成为必然

在城市化浪潮冲击下，传统乡村社会结构发生显著变革。年轻人口向城市迁移，老年人口在乡村中的比例逐渐上升，乡村社会表现出"老龄化"的趋势，同时，"半熟人化"的现象也日益明显，乡村社会的传统人际关系和社交模式格局重塑。在费孝通先生指出的差序格局中，传统乡村社会是"熟人社会"，"熟人社会"中往往具有一致的地方性共识和较为平衡对称的信息状态，而在"半熟人社会"中，时代背景下的乡村人口流动导致村庄内部多元化和异质性的增加，原有的地方性共识逐渐解体。同时，由于村民的生活方式和工作环境发生了改变，他们之间的无拘束交往逐渐减少，信息流通不再像以前那样畅通无阻，因此，乡村熟人社会的传播格局演变为半熟人社会的传播格局。此外，"空心化"也是乡村社会面临的一个重要问题，乡村中的劳动力、资本等资源大量流向城市，导致乡村地区的人口减少、经济发展滞后。这种格局演变对农业科技传播构成双重影响：一方面，半熟人社会中，不再以传统的血缘和地缘社交网络为主，农业科技知识和信息在异质性的社交网络中容易得到极佳的传播和扩散效果；另一方面，农民是农业科技传播最主要的受众之一，农村是农业科技传播最主要的发生场所之一，囿于文化水平、科技素养及信息辨别能力有限，农民接纳新知识和信息的能力相对薄弱，这种局限性在很大程度上阻碍了农业科技的有效传播。传统大众媒体讲究内容为王，注重内容的高质量和固定的

受众人群，同时，以报纸、期刊为代表的大众媒体存在一定程度的文化水平限制，而以政府和农业部门等为代表的单向上传下达传播渠道缺少实时多样的反馈渠道，因此，在异质性特征明显的半熟人社会和老龄化乡村中，以用户为王的精准传播成为农业科技传播发展的必然趋势和要求，即通过深入调查研究，综合运用信息技术手段，精确识别、有效瞄准对象，精准达成目标是数字时代农业科技传播的显著特点。

二、传播渠道和主体泛化，打破固有推广模式

我国原有的农业科技传播体系具有显著的推广性质，遵循着自上而下的传播模式，即以政府及农业相关部门、推广人员等为传播主导方，信息流向也以单向的"传者—受者"为主，以电视、广播、报纸和期刊为代表的传统大众媒体，凭借人力资源积累、庞大且稳定的受众群体和无可比拟的信息权威性和公信度，占据我国农业科技传播的主要渠道，它们通常依赖于"把关人"和"议程设置"等核心机制，以维持一种稳定、中心化、线性化和单向性的传播特征，这些机制确保了信息在传播过程中的可控性和有序性，但同时这种开环结构的信息系统，在执行一个决策的过程中不收集外部信息，不根据信息情况改变决策，直至产生本次决策的结果，事后的评价只供以后的决策参考，从而导致传播的信息具有滞后性，传播效果也大大减损。融媒体时代到来后，在新媒体社交化、移动化、即时性和碎片化等特征的冲击下，传统传播渠道面临"失灵"

和"转型"的挑战。与此同时，新兴业态的涌现迫使传统农业科技传播主体适应新的技术工具和表达方式，进一步加速了传播渠道泛化。这种泛化，首先是信息获取渠道的泛化，人们获取科学信息和知识的来源由传统的大众媒介渠道扩充到微博、微信、抖音、快手等平台媒体和社交媒体，进一步拉近了传播链上各方与信息的距离；其次是信息获取在时间维度上的拓展，海量的信息和知识时刻在各个传播渠道流通，且各传播渠道互相交织，加速信息的扩散和互动。更重要的是，便利和多样的传播渠道使"用户生产内容""所有人向所有人传播"成为可能，自媒体博主、个人用户等多元主体也广泛充分参与到农业科技传播当中，彻底打破了原有的"主体—受众"单向的二元推广模式。新时代信息传播方式的革新深刻印证了麦克卢汉媒介理论的前瞻性，农业科技传播正迎来高速发展、多维度融合的新时代。在这一过程中，多样化的农业信息被高效传递给农户，互联网技术的广泛应用则深刻重塑了现代农业的科技传播格局和生态。

三、响应时代发展，政策与市场双重驱动

农业是我国经济社会发展的基础，智慧农业、农业现代化、农业强国等政策文件的出台凸显了农业发展鲜明的时代特色。在此背景下，政策和市场驱动无疑是农业科技传播最为核心的目标和指向，两者相互交织，共同塑造着农业科技传播的新格局和新趋势。首先，政策在农业科技传播中发挥着重要的引导作用。政

府通过制定和实施一系列农业政策，为农业科技传播提供了有力支持，包括系列农业科技创新政策、农业技术推广政策、农业人才培养政策等，这些政策的出台，不仅为农业科技传播提供了方向，还为其提供了必要的资金和资源保障。其次，市场在农业科技传播中发挥着决定性的作用。随着市场经济的发展，智慧农业、智能农业物联网等先进技术的应用，市场对农业科技知识和信息的需求日益旺盛，农民作为市场主体，对农业科技知识和信息的需求也越来越迫切。他们希望通过学习新技术、采用新品种、应用新装备等方式，提高农业生产效率、增加农产品产量和品质、降低生产成本。这种市场需求为农业科技传播提供了广阔的发展空间。同时，市场也为农业科技传播提供了更多的渠道和方式。例如，农产品市场、农资市场、农业技术市场等成为农业科技传播的重要场所；而电商平台、社交媒体、短视频平台等新媒体平台则为农业科技传播提供了更加便捷和高效的渠道。因此，在政策与市场的共同驱动下，农业科技传播呈现出新的发展趋势：一方面，农业科技传播更加注重实用性与针对性。政府和市场都强调农业科技要真正服务于农业生产、提高农民收益；另一方面，农业科技传播也更加注重创新性和可持续性，响应农业科技创新、农业绿色发展和可持续发展，以及建设资源节约型和环境友好型社会的要求，都使得农业科技传播关注新技术、新品种、新模式的推广和应用，在农业科技知识和信息传播和扩散的同时注重生态环境保护和社会可持续发展。当代农业科技传播在政策和市场的双重导向下，显示出其独特性、先进性、时代性和人文性的特征，形成政府引导、市场响应、农民受益的良性循环。

第四节　农业科技传播的理论基础

农业科技传播是传播学的一种具体应用形式，其理论基础植根于传播学理论体系，并随着农村现代化建设、农业强国战略和乡村振兴的推进而不断丰富。它是科技传播的重要起源之一，其理论框架既包含经典传播学模型，也融合了新媒体时代的创新理念。

一、传播学基础理论

美国学者 H. 拉斯维尔在《传播在社会中的结构与功能》中将传播活动解释为由传播者、传播内容、传播渠道、传播对象和传播效果五个环节和要素构成的过程，这五种基本要素即"5W"：Who（传播主体、传播者）、Says what（传播内容）、In which channel（渠道、媒介）、To whom（传播对象、受众）、With what effect（传播效果）。农业科技传播活动同样可以用"5W"来概括，即政府、各类社会组织、个人等传播主体（Who），将农业科学技术信息和知识（Says what）通过各种多样化的传播媒介渠道（In which channel）扩散传达到农业生产全链条中不同节点的组织或个人等传播对象（To whom），从而力图达到农业场域内信息和知识的动态平衡状态的传播效果（With what effect）。然而，随着传播主体和传播渠道的泛化，同传播学演进与逐渐丰富一般，农业科技传播已不再局限于简单的线性单向传播，不再是原先传者单向传递信息、受者被动接受并产生效果的过程。微博、抖音、微信等社交媒体和平台媒体的兴起使得传播主体多元化，每个人都有可能成为传播主体，成为农业科技和知识的信源发出者和扩散者。传播内容在传播过程中也不再一成不变，而是在各个传播主体的反馈中，根据实际情况和传播效果进行调整和改变。同时，在媒介技术迅猛发展的背景下，麦克卢汉的预言"媒介即信息"成为现实，真正有价值的不是传播内容，而是每个时代所使用的传播工具的性质、它所开创的可能性以及带来的社会变革。此外，唐纳德·肖和麦库姆斯在《大众传播的议程设置功能》一文中曾指出大众传播能有力影响人们对事件的关注以及对事件的看法，这也印证了传统媒体时代，我国农业科技传播的媒介传播核心途径主要为报纸、广播、杂志等大众传播途径；而新媒体时代，分众理论和精准传播则为农业科技传播提供了更为重要的理论指导，分众理论主张受众具有社会多样性，他们的个人差异十分明显，而精准传播则意味着受众的精确和精细，讲究因人而异和群体细分，是实现精准传播的必要条件。在传播渠道和传播形态多样化的背景下，基于农业科技传播效果所考量的对传播渠道和传播内容等方面的细化和分化也应与时俱进。

二、创新扩散理论与二级传播理论

当前，农业科技传播所涉及的新技术推广传播、农业科技普及等很大程度上符合创新扩散理论中对于"创新"理念的定义。在探讨新型农业科学技术和知识普及的过程中，农民对科技的接受程度与创新扩散理论紧密相关。创新扩散理论旨在解释新技术、新产品或新思想在社会系统中的传播过程，包括传播速度、方式和影响因素。在农业领域，这一理论同样适用，并且对于理解农民对新型农业科技接受度的变化具有指导意义。20 世纪 30 年代，瑞恩和格罗斯对两个社区中杂交玉米推广的研究发现，种子推销员是农民最初的信息来源，邻居是最有影响力的信息来源；20 世纪 60 年代，罗杰斯进一步完善了瑞恩和格罗斯的研究成果，在对农村中新事物（新农药、新良种等）的采纳和普及过程进行调查的基础上，罗杰斯发表了他的研究报告《创新与普及》，提出了"创新扩散"理论（Innovation Diffusion Theory），他认为创新这一过程包含：某项创新、某段时间、特定的沟通渠道和社会体系四大要素。此外，他将创新—决策的过程分为五个阶段：知晓—说服—决策—实施—确认。他们的研究和理论发现对农业科技传播的工作开展具有实际的指导意义。在农业科技传播的过程中，农民首先接触到的人群对农民具有极大的影响作用，传统的报纸、广播、电视等同质性媒介不如亲戚、朋友的推荐有作用，人际传播仍然是农业科技传播的主要渠道。同时，结合我国原有的农业技术推广背景，组织传播因具

有官方背景而更容易获得农民的信任，那么，在农业科技传播工
作实际中如何充分发挥组织传播渠道的作用，是值得大家思考的
问题。此外，基于我国"乡土中国"的农村背景，人际传播在农
业科技传播中占据压倒性的优势，且农技信息和知识往往由村主
任、种植大户等传播主体流向普通村民，这也正符合拉扎斯菲尔
德所提出的二级传播理论，即社会中散布着各种意见领袖，大众
传播的信息不是直接流向受众的，而是先由大众媒介传播至意见
领袖，再由意见领袖扩散到社会大众。对于我国农业科技传播而
言，在农民文化程度有限与大众传播专业程度高的前提下，有效
发挥农村意见领袖的作用对农业科技传播效果的提升具有十分重
要的意义。

三、知沟理论与数字鸿沟

农业科技传播的最终目的是达到农业场域内技术、知识和信
息的动态平衡状态，也就是要缩小"知沟"（Knowledge Gap）。
知沟假说是在美国社会对教育机会平等的广泛讨论中诞生的一个
理论，它指出大众传播媒介的使用可能拉大了不同社会经济地位
群体之间的知识差距，使得知沟现象变得更加显著，它意在说
明，尽管大众传播媒介在理论上应为所有人提供平等获取信息的
机会，但现实情况中，社会经济地位较高的群体往往能更有效地
利用这些资源，从而进一步拉大他们与较低社会经济地位群体之
间的知识差距。因此，为了缩小知沟，需要采取措施确保所有人

都能平等地获取和利用大众传播媒介提供的信息资源。放在农业科技传播领域，均衡获取信息就是农业科技传播的意义，有必要采取措施，也就是通过农业科技传播来打破农民等因文化、经济、社会地位等而不能均衡获取农业科技知识和信息的现状，在"硬件"方面是建立完备的农业科技传播基础设施，在"软件"方面则是提升农民等群体的科学素质。在互联网时代，"知识鸿沟"进一步表现为"数字鸿沟"（Digital Divide），美国国家远程通信和信息管理局（NTIA）发表的一篇报告《在网络中落伍：定义数字鸿沟》指出，这是数字时代媒体接触和使用状况差异所导致的信息鸿沟。在我国，数字鸿沟不仅突出表现在城乡之间，在农村内部亦存在。由于个体差异，数字鸿沟较为明显，农民中既有熟练运用社交媒体搜集农技知识和信息的人群，也有仅通过亲戚朋友获取信息的少数人群。农业科技传播在信息社会发展中的主要任务，就是缩小这些差距，不仅在于农技技术、知识和信息等的传达，更要使农民科学素质和媒介素养提升，最终实现农业知识与技术的均衡传播。

第五节　农业科技传播的政策依据

政策是农业科技传播发展的核心引擎与根本遵循，为其提供了目标指引、路径支撑与制度保障。本节将从三个递进维度剖析农业科技传播的政策基石：首先，阐述农业在国家战略（特别是农业强

国建设）中的顶层定位，明确其重要性；其次，分析农业科技作为
乡村振兴战略核心支撑的关键作用，明确其路径导向；最后，梳理
支撑农业科技传播实践的多重法律法规体系，揭示其坚实的法治基
础。理解这些政策依据，是把握农业科技传播发展方向与动力的
关键。

一、顶层目标：农业在强国建设中的战略地位

随着我国迈入新时代，社会主要矛盾已经发生了转变，从过
去的"人民日益增长的物质文化需要同落后的社会生产之间的矛
盾"，转变为当前的"人民日益增长的美好生活需要和不平衡不
充分的发展之间的矛盾"。这一转变深刻反映了我国社会发展的
新阶段特征。然而，长期以来，为支持工业化和城市化快速发
展，农业在一定程度上承担了资源倾斜的角色，这导致农业的发
展步伐未能与整体社会进步保持同步。为有效满足新时代人民对
美好生活的更高追求与期望，充分发展和振兴农业农村成为迫切
任务，这不仅是推动城乡均衡发展的关键，更是提供高质量生活
物质保障的基础。同时，农业农村农民问题始终是关系国计民生
的根本性问题，这要求我们必须坚持把解决好"三农"问题作为
全党工作重中之重。随着"十四五"时期我国开启全面建设社会
主义现代化国家的新征程，"三农"工作也转向更为全面和高质
量的范式，即全面推进乡村振兴、加快农业农村现代化、加快建
设农业强国。2018年，中央1号文件提出"加快实现由农业大国

向农业强国转变"；同年 9 月，习近平总书记在十九届中央政治局第八次集体学习时强调"实现农业大国向农业强国跨越"；党的二十大报告则首次将农业强国写进党代会报告，提出"加快建设农业强国"的战略要求，指出"科技是第一生产力、人才是第一资源、创新是第一动力"的战略路径。贯彻落实中央的决策部署，2021 年广西壮族自治区人民政府印发《广西壮族自治区国民经济和社会发展第十四个五年规划和 2035 年远景目标纲要》，明确要全面推进乡村振兴，加快农业农村现代化，建设农业强区，并强调农业在广西经济发展中的"压舱石"作用。无论是中央对"三农"工作一以贯之的重视，还是顺应时代发展和国情、区情变化而提出的农业强国建设、农业强区建设目标，都要求我们重新审视农业发展的策略及其在国家全局发展中的战略地位。身处新媒体技术浪潮与农业科技创新关键阶段，农业科技传播迎来前所未有的机遇与挑战。

二、实现路径：农业科技在乡村振兴战略中的支撑作用

建设农业强国离不开先进农业科技的投入。农业科技能够显著提升土地产出率、劳动生产率和资源利用效率，进而通过科技进步驱动农业发展，加速农业农村现代化进程，已成为我国农业发展的重要战略支撑。2021 年年底，农业农村部依据《国家中长期科学和技术发展规划（2021—2035 年）》《"十四五"推进农业农村现代化规划》等编制印发《"十四五"全国农业农村科技发展规划》（以

下简称《规划》)。《规划》明确指出，农业现代化关键是农业科技现代化。虽然目前我国农业科技整体创新和应用水平与发达国家的差距逐步缩小，但在全球竞争空前激烈的背景下，支撑乡村振兴、农村现代化建设和农业强国建设的农业科技面临更大的挑战。关于农业科技传播，《规划》指出要在 2025 年达成科技"推广服务更加高效，高素质农民队伍更加壮大"的目标，为 2035 年基本建成农业科技强国奠定坚实基础。从农业科技传播视角看，实现农业科技推广服务更加高效，不仅要求提高科技创新的能力，即实现科技创新充分自给自足，为农业发展注入源源不断的科技源泉，也要求着力培养高质量的推广传播队伍。2024 年中央 1 号文件强调，要壮大乡村人才队伍，实施乡村振兴人才计划，着力培养乡村本土人才，在城市各类技术人才下乡服务的同时，提高农业综合素质。中国科协与农业农村部联合发布的《乡村振兴农民科学素质提升行动实施方案（2019—2022 年)》着重指出，通过加强农村科普工作，提升农民的科学文化素质，对于推动乡村振兴战略的实施具有至关重要的基础性作用。中共中央办公厅、国务院办公厅印发的《关于加快推进乡村人才振兴的意见》则提出"科技小院"等培养模式，派驻高校教授、研究生深入农村开展实用技术研究和推广服务工作。因此，在农业科技处于战略地位的背景下，农业科技传播是多重政策导向下的必然要求。它既是连通科技创新成果与农业生产力的关键桥梁，也是带动乡村振兴人才培养的重要引擎，构成了实现建设农业强国目标的核心动力路径。

三、法律保障：多重法律法规参考下的社会共识

与早期传播与宣传混为一谈类似，我国早期农业科技传播更多是农业技术推广，具有明显的教化和程式化特点，虽然尚未有较为明确的关于农业科技传播的法律法规，但早在 1993 年，为加快农业科研成果和实用技术的转化应用，强化科技在农业生产中的支撑保障作用，推动农业和农村经济持续健康发展，实现农业现代化目标，《中华人民共和国农业技术推广法》通过并施行。作为我国农业推广工作的基本法律，它明确规定了农业技术推广的基本原则、体系架构、各方职责及保障措施等，为农业科技传播提供了坚实的法律基础和工作参考。随着农业科技的不断进步和农业生产方式变革，该法经历多次修订完善。最新修订于 2024 年 4 月 26 日通过，其中将原先的"会同科学技术等相关部门"修改为"会同相关部门"，将"农业、林业、水利、科学技术等部门"修改为"农业农村、林业草原、水利、科学技术等部门"。这体现了我国农业科技传播向跨部门协同和权责明晰化方向发展的趋势。除《中华人民共和国农业技术推广法》外，《中华人民共和国农业法》和《中华人民共和国促进科技成果转化法》等其他法律法规也为农业科技传播提供了法律依据：农业法确立了农业在国民经济中的基础地位，对农业生产经营体制、农业生产、农产品流通与加工、农业科技与农业教育进行了相应规定和详细解读，是农业科技传播工作的重要基础和根据。转化法则更为详细地解读了科技创新全过程的"最后一

公里"，指出通过产学研合作、科技产业园区等进行合法地转化，是农业科技传播看得见的参考和工作准则。总之，这些法律法规共同构成了农业科技传播的法律体系框架，为其提供了坚实的法治保障。长期实践形成的共识基础，加之法律法规与时俱进的修订完善，共同推动着农业科技传播工作不断向纵深发展。

第二章 农业科技传播的研究现状

第一节 国外研究现状

　　农业科技传播作为传播学的重要分支，是国外最早关注的科技传播领域之一。19 世纪中叶，英国学者克拉林顿就阐释了农业科技推广的含义。而英国科学家、科学学开创者与奠基人 J. D. 贝尔纳对科技传播的重要性进行了肯定。他在 1944 年出版的《科学的社会功能》一书中强调："随着科学技术重要性的不断提高，有必要在全社会范围内进行广泛的科学普及工作，通过科学普及将科学知识普及到人民中间去，让普通大众明白科学家在做些什么，理解科学的成果、方法、前景及科学所起的作用、对人类生活可能产生的影响，增加人们对科学重要性的全面认识，帮助人们消除对科学的误解和偏见，进而为科学家的工作提供所需的支持。"这一论述奠定了科技传播的理论基础。20 世纪 30 年代以来，以美国学者罗杰斯为代表的西方研究者开展了系统的农业科技传播研究。截至

1978 年，相关实证研究逾 1 000 项，出版物 2 800 余种；1995 年前后，出版物已高达 4 000 多种。当前，农业科技传播已成为世界各国关注的重要传播学研究领域，国外学者对农业科技传播的理论体系、实践方法、受众特征、媒介运用以及体制机制建构等方面进行了大量研究。

一、针对传播理论的研究

传播学的理论研究一直非常活跃，与农业科技传播关系密切的主要有创新扩散理论和二级传播理论。

（一）创新扩散理论

国外农业科技传播研究始于农业技术创新扩散研究，创新扩散理论是研究农业科技传播的重要基石与支撑。国外创新扩散研究起源于 19 世纪的欧洲。欧洲扩散研究的开创者之一布里埃尔·塔德根据创新扩散活动提出了"模仿定律"这一概念并形成了"模仿理论"，认为人们通过模仿他人的行为从而实现行为统一。在"模仿理论"影响下，"意见领袖论""创新扩散论"和"社会学习论"等纷纷诞生。创新扩散研究在早期的人类学、农业社会学、教育学、传播学等多领域有条不紊地进行着，20 世纪 50 年代创新扩散研究进入高峰期。各国学者的理论及实践研究为创新扩散理论的形成奠定了坚实的基础。

20 世纪 60 年代之前，创新扩散研究集中在欧美地区且偏重理论研究。1943 年，美国学者布莱斯·莱恩和尼尔·罗格斯在《农村社会学》中提出了扩散的四要素：创新、传播渠道、时间和社会系统，研究中采用的研究理论和方法在创新扩散领域产生了深刻且深远的影响，成为创新扩散研究的经典范式并为农业科技传播的形成与发展奠定了基础。20 世纪 60 年代，在发展传播学的研究过程中，美国传播学家埃弗雷特·罗杰斯提出了创新扩散理论，通过媒介劝服人们接受新观念、新事物、新产品，认为在传播过程中，新的经验、技术、思想、信息和知识在时间和空间上均可实现跨越式的扩散。罗杰斯在技术传播的信息特点、受众特点、传播社区特点、传播时间特点等方面的研究成果得到世界范围的肯定。此后，创新扩散研究的焦点从传统的创新扩散要素研究转为技术预测与扩散模型的研究，使得创新扩散的研究迈上了新台阶。

在创新扩散的早期研究当中，实地调研和案例分析是学者们探究一项创新扩散规律采用的普遍方式。随着对扩散研究的不断深入，定量化研究方法被逐步引入创新扩散研究当中，各类型的创新扩散模型也逐步问世。其中最具代表性的就是"S"形扩散模型。60 年代后，在对已有模型的实践和研究的基础上，"Bass 模型"诞生，创新扩散的研究也转为关注预测模型的参数设定问题和参数估计方法的创新扩散预测模型研究。创新扩散模型发展经历了从基本模型的研究到基本模型的扩展研究再到新的应用研究三个不同阶段。正是在相关创新扩散模型的支撑下，农业科技传播研究有了新的突破。

另一层面，学者们关注创新扩散研究的可持续性发展。自1940年创新扩散的范例初步形成到1950年创新扩散研究在美国迅速发展，美国政府部门大力支持创新扩散研究并设有专项经费支持研究者的科研活动。1960年，创新扩散研究开始在发展中国家兴起，研究范围更加广泛。但到1970年，针对创新扩散研究的负面声音不断出现，过度重视创新、过分依靠回忆及不平等问题凸显，此时的创新扩散研究也及时地调整了方向，变得更加严谨规范。在这样的背景下，随着时间的推移与技术的进步，创新扩散研究社会网络化趋势逐渐明显，社会网络分析为研究人与人之间的相互关系提供了可视化的方法，复杂网络研究的兴起推动"小世界"研究成为众多学者关注的焦点。

进入21世纪，随着全球范围内对农业发展的日益重视，创新扩散研究呈现出跨学科、多领域融合的发展态势，国外学术界在创新扩散理论研究方面取得了显著进展，其发展轨迹经历了从理论萌芽到具体模型出现再到日益成熟的三个递进式阶段，并通过持续的理论修正与方法创新不断拓展其学术边界，形成了系统化的理论体系与方法论框架，为现如今的农业科技传播提供了更为科学可靠的方法。

（二）二级传播理论

二级传播理论由传播学四大奠基人之一的拉扎斯菲尔德提出。1940年，拉扎斯菲尔德和卡兹等人对总统大选中的宣传活动进行了调查，以测定大众传播对选民态度的影响，并于1944年出版了调查报告《人民的选择》。在书中，拉扎斯菲尔德提出了"二级传播理论"，认为大众传播对人们的影响不是直接的，而是一个二级传播过程。该理论否定了当时影响很大的枪弹论，首次对人际关系在传播学中的重要影响作出了解释，为人们研究大众传播效果提供了理论武器。美国著名传播学者雪伦·罗瑞和梅尔文·德弗勒在《传播研究里程碑》一书中，将二级传播理论列为大众传播研究的里程碑之一，认为"二级传播"的理念不但吸引了研究学者的注意，同时二级传播的假设还开辟了新的理论前景，对此后的传播学研究产生了深远影响。

二、针对传播方法的研究

20 世纪 60 年代之前，以创新扩散研究为主的农业科技传播研究主要集中在欧美地区且侧重于理论研究。20 世纪 80 年代前后，对于农业科技传播的研究重点由理论研究向实证研究转变，同时研究领域也从欧美等发达国家逐渐向中国等发展中国家拓展。施拉姆的《传播学与变革》（1976）、联合国出版的《中国农业培训系统》（1980）、罗杰斯的《创新扩散》（1983）以及约恩·德尔曼的《中国农业推广——农业革新及变革中的行政干预之研究》（20 世纪 90 年代）等书先后对我国农业科技传播案例做了不同程度的实证分析。而印度科学作家协会主席马诺杰·帕泰瑞亚则在《新形势下的科技传播》一文中通过深度调查发现了提高印度科学传播速度和科学气质的方法，并探讨了印度可能出现的科学传播新趋势。2002

年，Fawzia Sulaiman 在对印度尼西亚南苏门答腊省四个不同生态区的农业科技传播路径进行研究分析的基础上，提出自然资源禀赋及社会经济背景是制约农业科技有效传播的关键因素。Tasie、C. M. 等学者则通过问卷调查，探索尼日利亚农民与农业推广机构在农业技术推广与通信技术应用方面的发展现状，提出为使当地农民更好地接受农业创新，应建立示范农场，针对农村农民的农业生产进行实际培训。

20 世纪 90 年以来，国外学者基于微观和定量的方法，对农业科技传播的过程、技术以及主体等方面展开了更为深入、具体的研究。熊彼特（1934）将技术扩散过程分为发明、创新以及传播三个阶段。罗宾逊（1991）在此基础上进一步细化，将传播过程总结为发现、研究、开发、商业化、市场导入、改进、调整、标准化、普及、竞争、更替与消失等十一个阶段。而罗杰斯等（1983）则将农业科技传播过程概括为基础研究、应用研究、开发、商业化以及营销等五个具体阶段，并构建了技术扩散阶段模型。进入 21 世纪后，随着信息通信技术的快速发展，学者们通过实证研究论证了信息通信技术对农业科技传播效果的关键作用，认为信息通信系统能有效促进新技术与改革的采纳。此外，不少学者聚焦传播主体研究，重点关注传播者素质能力建设与应对的挑战。

分析借鉴其他国家的经验也是国外学者进行农业科技传播研究的重要路径。施拉姆等主编的《传播学与变革》（1976）中多次出现我国在农村传播方面的有关做法、经验等实践案例。联合国1980 年专门派出专家小组来我国调查农业培训系统，并在出版的

《中国农业培训系统》一书中系统介绍并肯定了我国农业推广系统的做法。此外，包括丹麦学者约恩·德尔曼等在内的许多国外传播学、农学等相关专业学者对我国农业科技传播工作进行了多方考察和研究，并形成了系列研究论著。1992 年，美国康奈尔大学科学史与科学传播教授布鲁斯·莱文斯坦在考察世界各国科普的传统模型后，提出了在不同的时间、用不同的方法、向不同的受众传播科学信息的三种范式："语境模型""非正规技能/非正规知识模型"和"公众参与模型"。马诺杰·帕泰瑞亚在 2002 年南非开普敦举行的第 7 届世界科技传播学会（PCST）大会上提交的《南亚的科学传播：挑战与前景》，则系统论述了南亚各国科学传播的共性和差异性。

三、针对传播受众的研究

受众研究是传播学的核心研究范畴。对农业科技传播而言，受众即农业科技信息和知识的接收者，是传播行为的关键要素之一，对传播效果具有重要影响。

埃弗雷特·罗杰斯将受众分为创新者、早期采纳者、早期采用人群、后期采用者和滞后者五个类别，这五类受众随创新扩散过程不同阶段的变化而呈现动态变化。罗杰斯关于受众的分类框架为后续研究提供了重要理论参考，许多学者基于这一范式开展受众身份识别，判断其采纳新兴事物的影响因素及真切的信息需求，进而不断调整优化传播策略以提升信息传播效能。

1943 年，尼尔·罗格斯和布莱斯·莱恩在《农村社会学》中，根据受众接受创新的时间和区别，把受众细分为具有冒险精神的创新者、受人尊敬的早期采纳者、深思熟虑的早期大多数、持怀疑态度的后期大多数和墨守传统的落后者五个类别。1975 年，美国学者菲什拜因和阿耶兹的"理性行为理论"问世。十年后，阿耶兹又在此基础上提出了"计划行为"理论。该理论在信息技术用户采纳和接受研究领域产生了广泛的影响，推动了理论研究与技术模型的深度融合。基于上述理论支撑，学者们开展了大量的实证研究，通过对采纳者的身份识别来判断其信息获取需求及信息获取能力，进而探索信息传播的最优策略，加速农业科技传播进程。

"社会关系论"认为，受众的社会关系深刻影响着其对媒介信息的选择，从而制约大众传播效果。学者们着重分析了受众成员日常的社会关系对其媒介信息接受行为的具体影响机制。而拉扎斯菲尔德认为，大众传播对人们的影响不是直接的，而是一个二级传播过程，强调大众传播效果须通过人际传播实现，揭示了人际关系在传播过程中的关键作用。

农民是农业科技传播的主要受众群体。1980 年后，世界范围内关于农民信息需求的研究不断涌现，研究重点围绕农民的信息获取需求及渠道。相关研究数据显示，农民信息需求涵盖医疗卫生、农业技术、经济法律等多种类型，种类十分广泛。在众多的传播渠道中，人际传播是农民获取信息最常用的渠道。相关研究问世后，后续研究沿此方向深化，农业科技信息服务的研究对象日益丰富，逐步扩展至不同农民群体。学者们通过分析农民群体的信息需求及信息获取渠道，从而构建起更加科学有效的农业科技信息服务模式。奎包姆认为，如何将农业科技信息切实有效地传达到农民端是进行农业科技推广须重点解决的问题，并强调在进行农业科技推广时，信息接收者或是农民的文化素质也至关重要，对信息接收效果具有决定性作用。

四、针对传播媒介的研究

传播媒介是承载并传递信息的一种物理形式。随着社会经济与科学技术的不断发展和演进，传播媒介从传统的广播、电视、报纸和书籍等大众媒介，逐渐向互联网、3S 技术（地理信息系统、全球定位系统、遥感技术）等新型媒介扩展发展，在农业科技传播中发挥着日益关键的作用。

近代大众媒介以 19 世纪 30 年代大众报刊的出现作为起始标志，20 世纪后逐渐出现了广播、电视、互联网等众多媒体形式。法国社会学家孟德拉斯（Henri Mendras）认为，在进行农业信息传播时，大众传播手段相较于传统的基于邻居互识关系的社会信息传递方式更具有传播效果。法国社会学家塔尔德在研究科技发展对社会关系的影响时认为，报刊可以将信息迅速传递给社会公众，社会群体的交流方式也因为报刊的出现发生了翻天覆地的变化。马诺杰·帕泰瑞亚（Manoj K. Patairiya）强调，科学传播者可借助包括印刷媒介以及广播、互联网等电子媒介在内的大众媒体方式进行科技传播。他在《印度科技传播研究》一文中进一步指出，大众媒体通过非正式、趣味化的传播方式，在帮助公众学习科学知识与掌握科技等方面发挥了至关重要的作用，因其能够更广泛、深入地接触社会各阶层。美国新闻学教授约翰·维维安（John Vivian）在《大众传播媒介》一书中系统研究了不同介质媒体的特性，并探讨了媒体与社会、大众媒体与政府管理、媒介伦理与大众媒体的关联等。《印度科学新闻》则讨论了印度科学传播所取得的成就，并试图界定印度各种大众传播媒体科技报道的供需范围，探讨新兴的科学传播方案。

"新媒体"概念于 1967 年被美国哥伦比亚州广播电网技术研究所所长 P. 戈尔德马克在一次电子录像类产品发布时首次提出，而使其在欧美发达国家流行起来的则是美国政府主管传播政策的 E. 罗斯托。1969 年，E. 罗斯托在向尼克松总统上交的政府工作报告中数次提及"新媒体"。新媒体的出现极大地改变了人们的生活方式，不仅革新了传播方式，更深刻影响了人们的价值观。在《科学普及新媒介》一文中，米努·库马尔（Meenu Kumar）对印度科学普及的新兴媒体进行了专题研究。

实践中，国外农业科技传播媒介因各国社会经济发展水平的差异，呈现出大众媒介与新型媒介融合的特征，传播模式具有多样性。美国的农业科技传播以互联网为主、专业期刊为辅，各类信息服务主体并存，并针对不同的信息获取对象进行信息传播。英国、法国等则将计算机网络、3S 技术等现代信息技术应用在农业科技领域，充分调动政府、高校、企业以及行业协会的参与积极性，形成了较为完善的传播模式。德国实现了农业生产、科研到销售全流程的计算机控制，其农业科技信息网络传播水平位居世界前列。日本农业在第二次世界大战后也很快实现了信息化，形成了多渠道立体覆盖的农业科技传播模式，包括电视、广播、报刊和网络等。而印度、孟加拉国、尼日利亚等形成了以农村图书馆为基础的农业科技传播模式。澳大利亚等则突破性地利用先进的信息技术手段帮助农场和企业进行信息管理，向农民提供精准的科技信息服务。苏格兰等依托政府相关部门建立了信息服务站，并形成了以信息服务站为主体的信息服务模式，向农村居民提供特定的农业科技信息。泰国则在1990年发展了农村流动信息服务队，以农民喜闻乐见的形式开展科技传播。

五、针对传播体制机制的研究

农业科技传播体系建设受到国外多数国家重视，相关研究起步较早。20世纪90年代后，农业科技革命在推动欧美国家农业现代化水平快速提升的同时，也显著增加了对农业科技传播的需求。欧美等农业经济发达国家纷纷建立了符合本国发展实际的农业科技传播模式，其核心优势主要体现在两方面：一是建立了统一、协调的农业信息组织管理系统；二是实现了农业信息社会化进程与国家经济社会发展的有机协同。具体而言，美国注重对农民的教育培训工作，建立了以大学为龙头的教育、科研、推广相结合的模式，采取由下而上的参与式策略，促进农业科技信息的双向交流，加速科研成果快速转化。法国作为欧盟第一农业大国，非常重视农业发展和农业信息服务工作。在推进农业信息传播方面，采取国家农业部门主导机制，通过集中收集与发布信息确保传播的准确性与高效性。日本、韩国则形成了小农制下实现农业现代化的"东亚模式"。在这种模式下，政府不仅承担农业科技推广任务并提供资金技术支持，还建立起从中央到地方的政府支持型"农协"组织体系，实现科研、教学与推广的深度融合。

除多元传播模式外，强有力的保障措施是实现农业科技有效传播的关键。外国政府对于农业科技传播的保障以政策支持、组织协作以及法律法规建设等方式为主。从运作机制来看，包括公益性和市场性两大类，形成了多方位、多功能、全领域的科技信息服务保障体系。具体来看，确立与农业信息相关的法律法规是许多国家保障农业科技传播的有效措施。美国对农业信息从收集到发布的每一环节都进行了立法规范，并在实践中不断修正和完善，形成了具有较高实用性的农业科技传播法律体系。德国则通过建立信息服务法保障农业信息安全。

此外，加强部门协作也是许多国家促进农业科技传播的重要路径。美国建立了以农业部为主的较为完善、健全的农业信息网络及农业信息服务保障体系。日本建立了县级农业技术信息情报系统并逐步实施农业情报信息系统网络化规划，为农民提供及时、准确的农业科技信息，为信息传播保驾护航。法国则形成多元化服务主体格局，国家农业部门、专业技术协会，还有行业组织以及民间信息媒体等主体分工协作，共同推动农业科技信息服务体系的完善，为信息顺畅传播提供坚实保障。

第二节　国内研究现状

国际农业科技传播研究历经百年发展，已形成覆盖传播主体、受众、媒介、体制机制的全链条研究体系。相较而言，我国农业科技传播研究起步较晚，但伴随改革开放后农业现代化进程加速，尤其是 21 世纪以来数字技术与乡村振兴战略的深度融合，国内研究迅速从单一技术推广转向多维度、跨学科的系统探索。本节将从研究背景、历史进程及现状分析三方面，系统梳理我国农业科技传播研究的发展脉络与核心成果。

一、我国农业科技传播的研究背景

传播学自 20 世纪 70 年代末 80 年代初传入我国以来，我国学者便针对传播学的概念、理论和方法进行了大量研究，并出版了一系列专著，国内一批高校也相继开设了传播学及相关专业。但针对农业科技传播的研究长期局限于从事农业技术推广及成果转化的农业领域相关学者。21 世纪以来，传播学向各领域不断渗透与交叉融合，我国部分涉农类高校、科研院所相继成立了农业科技传播的研究机构与组织，开始涉及农业科技传播的主体、受众、媒介、渠道等诸多方面研究。随着全球气候变化加剧、资源约束趋紧和人口持续增长，科技创新及其高效传播应用对提升农业生产力的意义前所未有地凸显。

在农业现代化进程中，农业科技已成为推动我国农业发展的重要动力，农业科技的传播也成为保障国家粮食安全、推动乡村振兴和实现农业可持续发展的核心驱动力。当前，我国已将农业科技传播置于国家战略高度，形成自上而下的政策驱动体系，初步建立了覆盖全国的农业科技传播体系和多种传播模式，从中央到地方，包括农业科研机构、推广部门、高校等在内的多主体参与其中，为农业科技传播提供了有力的组织保障，如南平的"科技特派员"模式、宝鸡的"农业科技专家大院"模式、中国农科院搭建的"农科传媒"抖音矩阵等，这些模式在实践中取得了显著成效。然而，我国农业科技的有效传播和应用仍面临多重现实挑战，这直接影响了农业生产效益和农村经济水平的提升，也构成了深化研究的迫切需求。

二、我国农业科技传播的历史进程

我国农业科技传播的历史进程，既是一部技术迭代史，也是一部制度创新史。从新中国成立初期以政府为主导的体系化建设，到改革开放后多元主体协同的体系重构，再到21世纪数字化技术驱动的精准传播，每个阶段都深刻反映了时代需求与技术变革的互动。这一进程既体现了国家对"三农"问题的战略重视，也展现了农业科技传播从单向灌输向双向互动、从单一渠道向多元融合的转型。

（一）新中国成立初期（1949—1978 年）：政府主导下的体系化建设

新中国成立初期，农业科技传播以恢复生产、解决粮食短缺为核心目标，形成了以政府为主导的"四级农科网"体系［中央—省—市—县（乡）］，农业技术推广主要依赖政府力量。这一时期的农业科技传播媒介以传统手段为主，包括广播站和以黑板报、宣传栏、科教电影等为主的科普媒介工具，如 1949 年创刊的《山西农民报》，成为当时农业类报纸的核心载体。1957 年中国农业科学院的成立，标志着科研体系开始转向专业化，这一阶段，《1956—1967年全国科学技术发展远景规划》等文件陆续出台，系统部署了农业技术攻关的系列问题，重点推广土、肥、水、种、密、保、管、工"八字方针"，实现了我国良种覆盖率从不足 20% 提升至 60%。同时，农业科技传播的组织模式表现为国营农场示范与基层推广站相结合，通过"试验—示范—推广"三步法实现技术传播。如 1973年袁隆平团队成功培育籼型杂交水稻，因历史条件限制，直至1976 年才大规模推广；北大荒开发等案例，也体现了这一时期技术传播的实践特征。简言之，这一时期我国的农业科技传播呈现一定程度的结构性矛盾，主要表现在农业技术供给单向化、农民被动接受技术、选择少、区域适应性不足等方面。

（二）改革开放后（1978—2000 年）：市场化转型中的体系重构

改革开放后，国家推广家庭联产承包责任制，激活了农民生产的积极性，农业科技传播从"行政指令"开始转向"需求导向"，原有的政府推广体系弱化，推动多元主体参与，各地方开始响应政策整合、试验、培训和推广。之后相关政策陆续颁布：1982 年《全国农业技术推广工作条例》出台，明确"国家扶持、群众自办"原则；1985 年《关于改革农业技术推广体系的若干意见》推动"技物结合"模式，允许科研机构与企业开展合作经营；1993 年《中华人民共和国农业技术推广法》颁布，确立"政府主导、多方参与"原则，推动"农科教结合"。在这期间，农业科技传播媒介和内容也随之革新：电视机的普及推动媒体开辟"致富经"等系列农技服务专栏；农业部开通"中国农业信息网"，首次实现农业技术的数字化传播；"科技特派员"制度试点实施，我国首批 2 000 名科技人员下乡，开创"专家＋农户"服务模式，实现我国在农业科技传播制度方面的创新。随着农业技术承包制的兴起，农业科技传播和成果转化应用加速，如山东寿光蔬菜合作社通过技术入股实现番茄亩产的重大突破。这一时期，我国农业科技传播实现了跨越式发展。实践证明，农业科技传播与生产实践结合，能解决部分农业发展实际问题，提高农业科技成果转化和推广效率，实现科技与其他生产要素的有效配置，促进传统农业向现代农业加快转变。

（三）21 世纪以来（2000 年至今）：数字化赋能的多元协同传播

随着互联网、移动终端等信息化技术的普及，农业现代化与信息化深度融合，农业科技传播进入"技术赋能＋政策保障＋数字支撑"的立体化阶段。我国农业科技传播体系在政策与技术双轮驱动下不断调整、完善和升级，中央连续多年发布涉农1号文件，聚焦"三农"发展。2004年启动"科技入户工程"，2006年颁布《中华人民共和国农民专业合作社法》，2012年《农业科技发展"十二五"规划》提出"构建新型农业科技推广体系"及"数字乡村"战略，2021年《"十四五"推进农业农村现代化规划》明确"智慧农业"的核心地位，党的二十届三中全会进一步提出"健全便捷高效的农业社会化服务体系"，强调在不流转土地经营权前提下，通过生产托管等服务模式将先进生产要素导入小农生产。2025年中央1号文件要求"支持发展智慧农业，拓展人工智能、数据、低空等技术应用场景"，推动农业科技推广体系建设，为农业科技传播指明方向。2025年，中央财政安排划拨农业科技专项资金超300亿元，我国农业科技传播在政策驱动下迎来"精准传播"时代。这一时期，农业科技传播的内容和技术手段不断创新，依托物联网、大数据、人工智能等新兴技术，拓宽了农业科技传播的范围和深度；传播的内容也更加注重实用性和针对性，推动精准农业和智慧农业落地，显著增强传播主体与受众的互动性，满足不同地区、不同层次农民的需求，尤其在破解"最后一公里"问题上发挥了重要作用。我国农业科技传播实现了革命性的突破，社会化服务网络更加健全、精准，传播模式呈现多元化特点。

三个时期我国农业科技传播的模式及转型特征见表2-1。

表 2-1　三个时期我国农业科技传播的模式及转型特征

时间阶段	主导方式	传播技术手段	农民参与程度	传播内容特点
新中国成立初期	强制指令 统一推广	传统媒介工具 广播和科普媒介	被动接受 选择性小	单一导向 增产技术
改革开放后	试点示范 政策引导	培训、专栏 示范户	有限参与 示范带动	粮经并重 绿色技术初现
21世纪以来	多元协同 数字赋能	数字化平台 自媒体直播	主动参与 互动反馈	智慧农业 全产业链服务

总体而言，新中国成立以来，我国农业科技事业在党和国家各项重大决策及科技发展方针指引下，坚持"科学技术是第一生产力"，农业科技传播体系实现从"技术本位"到"农民本位"的范式转变，自主创新能力不断提升，为解决农产品供应短缺、保障国家粮食安全、推动农业结构调整及农村经济稳定发展提供了持续动力。

三、我国农业科技传播的研究现状分析

在传播学研究中，通常将传播分为五个层次，即自我传播（Self - Communication，也称内部传播）、人际传播（Inter - personal Communication）、群体传播（Group Communication，也称团体传播和小群体传播）、组织传播（Organizational Communication）和大众传播（Mass Communication）。21世纪以来，我国农业科技传播研究伴随数字化浪潮与乡村振兴战略的推进不断深化，呈现出多

维度发展态势。基于中国知网（CNKI）数据库的文献分析（2000—2025 年），相关研究论文累计超 2.8 万篇，其中核心期刊文献占比达 37%，形成以传播主体、传播渠道与传播技术为核心的研究体系。现依据农业科技传播的类型，结合传播学中人际传播、组织传播和大众传播三个层次，从三个维度对我国农业科技传播的研究现状进行简要分析。

（一）针对农业科技传播主体的研究

农业科技传播主体在传播学中属于传播者范畴，传播者是传播活动的发起人和传播内容的发出者，是位于传播起点的个人、组织、社会的混合体。分析不同传播主体的传播行为，探索传播行为背后的决定性因素，是传播学研究的重要方面。传播者不仅决定着传播活动的存在和发展，还影响信息内容的质量和数量、流量和流向，也决定着传播内容对人类社会的作用和影响（邵培仁，2007）。不同的传播主体代表不同集团或个人的利益，目标诉求各异（程曼丽，2007）。在过往的传播学研究当中，尤其是在农业科技传播领域，传播主体作为整个传播行为的发起者，却长期被忽视。在农业生产实践活动中，人际传播是最重要的传播途径，往往依赖农业科技传播主体实现。人际传播是指两个或两个以上的人之间借助语言和非语言符号互通信息、交流思想感情的活动（邵培仁，2007），具有多渠道、多意义、强互动、非制度化等特点（郭庆光，2006），在农业生产实践中有其特殊性。由于人际传播媒体形式的差异，人际传播可以划分为直接传播和间接传播两种形式。直接传播是指传播者和受传者之间无须经过传播媒体而面对面地直接进行信息交流的过程，主要通过口头语言、类语言、体态语的传递来进行信息交流，如交谈、交往等。间接传播是指传播者和受传者之间必须借助传播媒介才能完成信息交流的过程，即信息需要通过中间载体如工具、技术、平台等进行传递，而非面对面的直接互动。

我国农村是大众传播影响的弱势区域，是一个多元结构的社会信息系统，农业科技信息的传播由人际传播、群体传播、组织传播、大众传播等4个子系统构成。对大部分普通农民来讲，人际传播是他们接受新技术、新方法的重要渠道，这与传播学中意见领袖的作用是一致的。意见领袖（Opinion Leader），又叫舆论领袖，最早由美国学者拉扎斯菲尔德等三人在《人民的选择》一书中提出，是指在信息传递和人际互动过程中少数具有影响力、活动力，既非选举产生又无名号的人。而这些人是大众传播中的评介员、转达者，是组织传播中的闸门、滤网，是人际沟通中的"小广播"和"大喇叭"（董成双，2006），即"信息经常是从大众媒介流向意见领袖，然后再由意见领袖传递给群体中不太活跃的部分"。彭光芒（2002）指出，我国农村特定的"社会—文化—人际"环境中，意见领袖具有文化程度较高、社会地位较高、富裕程度较高、活动范围较大、人际关系较好等特点。因此，容易在农民中产生好感效应，从而增强传播效果。李南田、周伟强（2010）经过调查后发现，当前我国农村在农业技术传播中接近意见领袖角色或可起到意见领袖作用的群体大致包括示范户、技术员、老把式、农民中自然形成的意见领袖等几类。

近年来，随着农业现代化的发展，学者们开始关注现代农业科技传播主体，主要包括以下三种类型的主体：

一是政府主导型，如农业技术推广站、科技特派员制度等。研究普遍认为，政府在农业科技传播中仍发挥基础性作用，但职能从"直接供给"转向"制度保障"。例如，张传伟等（2018）通过对31个省份的调研发现，农业农村部门主导的"农技推广体系改革"使基层站服务覆盖率提升至82%，但存在"重考核轻实效"问题，须通过购买服务引入社会力量补充；王建华（2020）指出，政府主导的"科技特派员制度"（2002年试点）在2010年后覆盖全国90%县区，但其效果受派出单位与地方需求匹配度影响显著，须建立双向选择机制。

二是市场驱动型，如企业、电商平台等。企业与合作社等市场主体的作用成为研究热点。刘军萍（2015）基于山东寿光蔬菜产业的案例分析提出，"企业＋合作社＋农户"模式中，企业通过技术培训绑定农资销售，虽提升传播效率，但存在"技术倾销"倾向，如过度推广高利润农药等；周宏等（2022）通过对阿里巴巴"村淘"平台的研究发现，电商企业的农技服务更注重市场导向，在农产品包装、溯源等技术方面优势显著，但在绿色种植等公益性技术上投入不足。

三是社会参与型，如科研机构、技术培训组织等。科研机构的"下沉式传播"模式被学者们广泛探讨。李晓林团队（2019）对全国120个"科技小院"的追踪研究显示，研究生扎根田间的"零距离传播"使技术采纳率达 76％，显著高于传统模式的 35％，但面临科研评价体系与传播实践脱节的困境。社会力量方面，徐明等（2021）分析抖音"三农"博主的传播效果发现，农民自媒体凭借"同质性信任"优势，在短视频农技传播中渗透率达 41％，但存在内容碎片化、科学性不足等问题。

总体而言，现阶段我国对农业科技传播的主体研究呈现多元协同趋势，但现有成果多聚焦单一主体，对主体间利益协调机制的探讨尚存在不足，亟待进一步深化研究。

（二）针对农业科技传播渠道的研究

农业科技传播的渠道在传播学意义上称为媒介，指承载并传递信息的物理形式。媒介虽然是一种承载与传递信息的物理形式，但它的每一次技术革命都对传播产生深远的影响，并在很大程度上提高了人类传播信息的效率并扩展了时空上的深度和广度。随着社会经济的发展和科学技术的进步，传播媒介实现了多样化发展，传播渠道的研究也从侧面反映了技术变革对传播模式的重塑，学者们的研究核心议题也从"渠道覆盖"转向"渠道适配"，主要探讨传统渠道转型、数字渠道崛起及渠道融合实践。

在传统渠道研究方面，大多数学者认为基层推广站与大众媒介的作用被重新评估。黄季焜等（2010）通过全国农户调查发现，2000—2010 年，农民通过"技术员上门"获取技术的比例从 62％降至 31％，但在偏远地区该渠道仍为主要渠道。广播电视渠道研究显示，尽管电视农技节目覆盖率超 90％（王颖，2016），但其互动性缺失导致实际转化率不足 15％，而地方广播的"方言节目"在老龄化农村仍具生命力，如陕西"农村大喇叭"的听众留存率达 68％（张娟，2020）。近年来，互联网渠道成为研究焦点，呈现"分众化"特征。张领先等（2018）对"农技耘""云上智农"等官方平台的研究表明，政府主导的数字渠道权威性强，但用户活跃度仅为商业平台的 1/3，原因在于界面设计缺乏农民友好性。商业平台方面，刘敏等（2023）对比拼多多"多多果园"与快手"农技直播"发现，电商平台渠道更注重"技术—市场"联动，而短视频平台则擅长"场景化演示"，二者在青年农民中渗透率分别达 53％和 67％。学者们对渠道融合也进行了一些实践探索，一致认为"线上＋线下"融合模式是破解"最后一公里"的关键。赵晓峰（2020）对湖北"12316"农业服务热线的研究显示，"电话咨询＋线下指导"的组合模式使问题解决率从 58％提升至 89％，但受限于人力成本难以大规模推广。周雪梅（2022）提出"渠道适配"理论，认为不同地区应差异化选择渠道：东部数字化农村侧重短视频＋电商融合，西部偏远地区则须强化"广播＋技术员"的传统组合，该观点得到一定实证数据的支持。当前，学者们对农业科技传播渠道的研究已从"渠道选择"转向"效能优化"，但对老年农民、少数民族群体的渠道可及性关注不足。

（三）针对农业科技传播技术应用的研究

当前国内学者对农业科技传播的研究呈现"数字化—智能化"

的递进特征，技术驱动成为 21 世纪农业科技传播研究的核心议题，研究内容从工具应用向智能赋能突破。大多数学者表示，互联网与移动终端的传播效应被广泛验证。王秀清等（2017）基于全国农户调查数据发现，使用智能手机获取农技信息的农户，其技术采纳概率比非使用者高 2.3 倍，且信息获取成本降低 40%。李二玲（2020）的研究揭示，数字鸿沟呈现代际分化：45 岁以上农民中，仅 29% 会使用农技 App，而 25~44 岁群体这一比例达 78%，有关 App 的适老化改造研究亟待加强。物联网与大数据技术的传播应用成为学者们研究的新热点。张健等（2021）对江苏无人农场的研究显示，智能设备的"嵌入式传播"使老年农户的技术掌握时间明显缩短，但设备成本过高制约推广。在大数据研究方面，杨汭华团队（2023）开发的农技需求预测模型通过分析农户搜索数据实现精准推送，使信息转化率提升 52%，但面临数据隐私保护与共享机制缺失的伦理困境。此外，农户行为视角的研究则揭示了技术落地的障碍，技术研究呈现重应用轻人文倾向（70% 的论文聚焦技术效能，对技术异化的批判性研究不足）。

总体而言，21 世纪以来，我国农业科技传播研究在主体多元化、渠道融合化、技术智能化方面取得显著进展，但在研究方法、研究视角、研究内容上仍存在一些局限。未来，随着人工智能与农业科技的深度融合，我国农业科技传播研究也将更进一步强化跨学科整合，引入更多传播学理论；研究视角将更聚焦"包容性传播"，加强对农村老人、少数民族等群体的适配性研究；研究内容将侧重探索智能技术与传统知识的融合路径，避免技术传播的"文化霸权"。只有构建兼顾"需求导向、技术驱动、主体联动"的新型农业科技传播生态，才能形成更具韧性的农业科技传播体系，为农业现代化提供持续动能。

第三章 农业科技传播的全国经验

第一节 北京市农林科学院：以数字媒体 为渠道的农业科技传播

在数字技术深度赋能各行各业发展的当下，北京市农林科学院立足农业时代发展的时代契机，着力推动数字媒体技术与农业的深度融合，通过技术赋能推动农业转型升级，将数字媒体的创新力量注入农业发展全链条，从而实现科研数据可视化、智慧农业服务精准化、农业科普生动化，助力农业向智能化、高效化、数字化方向迈进。

一、打造智慧平台，实现农业科研数字化与商业化发展

北京农林科学院创建"金种子育种平台"，已成为当下国内市场占有率第一的育种平台，是国内各大企业选育良种最得力的"数

字助手"。其中，旗下的"云平台"为国内首个投入商业化运营的育种云平台，被 400 多家育种单位使用，在线客户最多。当下，育种平台的研发与应用有效解决了商业化育种领域的多个关键性问题。而对平台的研发与应用，北京农林科学院不止于此，还研发了线上平台"北京农业科技大讲堂"，在科普活动日让专家通过平台向公众科普智慧农业、蔬菜现代育种技术、天敌昆虫、农药残留等知识，实现了科普信息的精准化服务。

另外，北京农林科学院还为果农们量身打造了果园智慧管理小程序，果农们只要点开小程序就可以清楚了解到果园生产的各方面数据，施肥打药也可以通过小程序来完成，这不仅便于果农们的农业工作，而且提高了果园精细化管理水平。平台的开发应用是开启智慧农业发展的"金钥匙"，在人工智能席卷各行各业的时代，北京农林科学院还重点打造了"智慧农业云"平台，发布"智慧设施AI 工具集"网站，以"AI＋农业"为主线，集成了检测农作物生长全过程的 40 多项智能工具，能够为农业从业者、科研人员等在农业生产的各环节中破解难题，提供智慧化解决方案。

二、建设无人农场，实现核心技术突破

北京农林科学院在北京市昌平区建设生产型蔬菜无人农场，利用农业机器人进行田间劳作，完成整地、植保、巡检等各个环节，该技术成果入选农业农村部 2020 年度十大引领性技术，并面向河北张家口、甘肃张掖、重庆等地区，以及白俄罗斯等国家进行规模

化推广应用，累计作业面积已超过 6 万亩。在北京市平谷区，北京农林科学院先后创建了 6 个"博士农场"，同样利用机器人对死鸡和低产鸡进行自动识别，并对鸡蛋的品质进行自动检测。农场中机器人的推广极大地实现了降本增效，减轻了人的劳动负担，推动了当地智慧农业的发展。

农作物生长离不开土壤，然而，针对土壤成分检测的关键技术一直被国外垄断。北京农林科学院为此进行了长达十年的技术攻关，研发了一套具有完全自主知识产权的新一代土壤成分快速检测系统——知土。该系统 10 分钟内即可完成土壤主要养分、重金属以及其他多种微量元素的快速测量，打破了国外对此项技术的长期垄断，受到 16 项国家发明专利、2 项国际专利、1 项美国专利保护。同时，北京农林科学院还建立了土壤墒情监测系统，填补了我国土壤墒情自动监测系统的空白。

同时，建立 DNA 指纹库，给种子颁发"身份证"。长期以来，我国农作物种业市场一直面临着品种同质化难分、套牌侵权难辨、种质资源难溯等问题，为了解决以上难题，北京农林科学院建立了全球最大的农作物标准 DNA 指纹库，只要将送检种子样品送进 DNA 指纹库进行比对，种子的品种"身份"一眼便知，解决了品种管理及种子质量监管的难题。

三、打造 IP 形象，实现农业科普生动化、生活化

在以"农业科技，'京彩'绽放"为主题的首届"农科开放日"

活动现场，来自北京农林科学院的"京京"和"科科"首次亮相，吸引了不少现场观众瞩目。它们是身着玉米、西瓜、白菜、水产品等农产品式样服饰的可爱卡通人物。此款 IP 形象的打造激发了现场青少年对农业科技的兴趣。不仅如此，北京农林科学院还针对青少年展开了趣味性故事科普活动，通过线上平台"北京农业科技大讲堂"，由青年专家讲述"机器人驱动未来农业""绿野特战队：揭秘天敌昆虫的生态守护行动""游金鱼的千年之旅"等农业故事。

另外，北京农林科学院还引入虚拟现实技术进行农业科技的科普展览，虚拟驾驶、虚拟飞行、"农科小智"机器人、温室漫游 VR 等科技成果深受青少年群体的喜爱。不仅如此，在 2024 年北京平谷国际桃花节，北京农林科学院还联合其他两家单位为平谷区刘家店镇江米洞村搭建了基于虚拟现实技术、增强现实技术的"江米洞风光 VR 全景展示系统"及"大美江米洞 AR 互动展示系统"，对江米洞村大美风光起到了很好的宣传效果，让公众能够更加全方位沉浸式地感受江米洞村的好风光。

当下数字媒体技术的更迭日新月异，北京农林科学院对数字媒体的创新与应用，不仅为农业科研与生产模式提供了新的智慧方案，也为乡村振兴建设注入了智慧新动能。从田间地头到远端数据，从科普教育到产业升级，数字媒体已成为广大普通农户与科研人员之间的纽带，成为传统农业与现代农业之间的桥梁。在未来，北京农林科学院将继续强化数字媒体的作用，推动农业科技成果的落地转化，让科技成果以更直观、更高效、更生动的方式向公众展示并服务于"三农"事业。

第二节　山东省农业科学院：以媒体矩阵为平台的农业科技传播

山东省农业科学院完善传播制度体系，以"科普"为主题打造自身的媒体传播矩阵，以自身官方网站为主阵地积极向外拓展新的传播平台与传播渠道，开设多项科普媒体专栏，开展科普行动，利用短视频平台传播科普短视频，打造线上线下相结合的媒体传播矩阵，形成面向多元受众的精准化科普传播，提升了农业知识的传播力与影响力，提升了惠农助农成效。

一、完善制度保障，构建规范化传播体系

山东农科院完善传播制度体系，实施"三审三校"的工作制度，让内容更规范。山东农科院坚持正确的舆论导向，坚持社会效益为首位，社会效益与经济效益相结合。院属各部门、各单位严格执行"三审三校"工作制度，进一步规范采、编、发工作流程，建立信息来源核实核准机制，准确核实发布信息，确保信息报道真实、全面、客观。在农业知识科普方面，山东农科院成立科普委员会，院党委研究出台《山东省农业科学院关于加强科普工作的意见》，对农科院的科普工作进行强有力的改革，加强科普能力建设，提高科普创新力，完善科普的组织保障与机制建立，让农业知识科

普真正做到落地，服务公众、服务社会。

二、整合渠道资源，打造"云端＋田间"立体矩阵

线上线下相结合，山东农科院打造多元化传播渠道，让传播更有力。在线上，山东农科院以自身的官方网站为传播主阵地，设置新闻中心，开设媒体新闻、院所新闻、农科要闻等新闻栏向公众传播不同类型的新闻，并在微信平台开设公众号"耘莳农"，在抖音开设官方账号"鲁农科普"并与央级媒体开展合作进驻"光明号"平台等，形成了"云端＋田间"的立体化传播体系。通过构建科普发展新格局，健全三类传播渠道，实现科普信息的精准推送。在线下，山东农科院建立科普开放长廊、科普教育基地，设立科普宣讲团，开展主题科普教育活动，针对不同受众群体开展相适宜的科普宣传，实现科普服务"精准化"。

三、坚持内容创新，驱动科普效能提升

坚持以内容为王，山东农科院打造多样化的优质科普内容，让宣传更出彩。积极创新多样化的内容形式，让知识"活起来"，让科普不枯燥。在以短视频为王的新媒体时代，山东农科院制作国内首部玉米专业科普动画片，增强科普的趣味性；打造高素质科普人才队伍，开设田间课堂实现科普人才的"专业化"；相继组织实施科普"十个一"行动，即打造一套科普系列丛书、一个科普精品课

件、一套科普文创产品等，实现科普的多元化；设立费县茶文化科普基地、烟台蚕桑科普基地、郓城蛋鸡科普文化馆等多个科普基地，实现最新科技成果的可视化。当下是"酒香也怕巷子深"的时代，山东农科院将科普视为科研工作全链条中的重要环节，拍摄的"鲁农科普"系列短视频在各大终端累计播放量达到 90 万次，系统解答农业知识的直播课堂点击量累计达 900 万次，凭借优质的传播内容，山东农科院实现了有效科普。

四、打造分众化传播，实现科普精准群众化

根据受众的特点，农业知识的科普群体可以细分为农民群体、学生群体、城市居民等不同类型的分众。山东农科院针对不同受众群体的特点制定相适宜的传播内容。面向农民群体，山东农科院开展"智慧春耕""精准夏管""喜悦秋收""富农暖冬"四季科普活动，让专家奔赴一线，让农业新成果、新技术传播到老百姓手中；面向学生群体，山东农科院开展"弘扬科学家精神 种下科学的种子""探秘粮芯世界"等科普活动，让学生走进农业世界；面向城市居民，山东农科院的科普开放长廊摆满了"阳台如何种蔬菜""水果保鲜小贴士"等常识展板、展具、展品，引人注目。

五、推动科技走进乡村，着力服务乡村振兴建设

山东农科院推动科普惠农，让媒体矩阵服务于乡村振兴。山东

农科院在莱州市沙河镇举办"科技赋能乡村振兴：春耕田间课堂"融媒体直播培训，讲解当前农业生产中的数字化技术应用、有机肥料科学施用等问题，推动农业科技成果转化落地，推动科技助力莱州市农业增收增效。此外，山东农科院还主编"新时代科技特派员赋能乡村振兴答疑系列"科普丛书，制作3 000余个科普音频，让媒体为乡村振兴的发展服务。

未来，山东农科院将继续完善传播体制，通过多平台建设、团队培养以及合作推广，强化数据分析与精准信息传播能力，筑牢传播范围广泛、内容丰富的媒体矩阵，让媒体矩阵的传播力与影响力服务社会、服务于农，推动乡村振兴与农业现代化的发展。

第三节　江苏省农业科学院：以网微刊协同为底色的农业科技传播

江苏省农业科学院围绕江苏及全国农业的重大需求，不断优化自身的学科建设体系，走在农业发展时代的前列，通过提高基础设施与平台的信息化管理能力，建设"网—微—刊"协同传播体系，加强资源整合与机制创新，实现从科研成果到应用服务的高效转化，实现为农服务网络化，实现面向新型农业经营主体的传播精准化。

一、加强信息化管理，提高基础设施与平台建设

以搭建"智慧型"农科院发展框架为主要目标，江苏农科院信息化建设的总体架构可概括为"一大平台、三大功能、六大体系"，即以江苏省农业科技大数据中心平台建设为核心，以满足院所管理、科研活动、为农服务三大功能需求为导向，推进基础设施、信息安全、应用体系等一系列体系的建设。建成院部主干网络、升级机房、配置高性能服务器集群，统一门户网站、OA 办公等业务系统，以及对外门户网站群，形成信息动态更新机制。通过对信息基础建设的强化，江苏农科院比全国其他同类单位较早地完成了信息化建设，促进了信息化能力的提升，为农业科研事业的进步提供了新动力。

二、聚焦多平台协同，构建"网—微—刊"传播矩阵

打造"网—微—刊"协同传播体系，实现为农服务网络化，提高农业科技成果的传播力。打造"网—微""网—刊"两两协同传播，实现重大研究成果向外传播的有效输出。在"网—微"传播模式中，官网与微信公众号发布新闻内容互补，两者各有千秋，官网更及时，而微信公众号的阅读量则更高。在另一模式中，与"网—微"传播模式不同，"网—刊"协同传播一般是在期刊上发表论文或申请获得某项专利、出版某类著作、研究报告被采纳后，通过官

网发布新闻，对相关研究成果进行报道，同时附上论文或其他成果附件或相关网络链接。通过"网—微""网—刊"两两协同的传播体系，江苏农科院实现了1＋1＞2的传播效果，其中开放日活动广受欢迎，相关文章在公众号上与同期其他类型的文章相比阅读量最高。

三、推广公众互动模式，打造沉浸式科普体验

为什么开放日活动如此广受大众欢迎？原因在于江苏农科院以举办开放日的形式积极与大众进行互动，满足公众对农业科研工作及科研成果的好奇心，解答公众疑问，并推动农业科技成果走出实验室，走进寻常百姓家，为公众打造了一场生动的农业科普盛宴。在开放日活动现场，江苏农科院会依据相关主题设计一系列的知识科普活动，展示最新农业科技成果并邀请游客进行亲身体验，让游客在游戏与观赏中获得农业知识。例如在西瓜主题的开放日，游客不仅可以看到农科院的明星品种"苏蜜8号"，了解它的特点，还可以对各色品种西瓜进行品鉴。在甘薯主题开放日，游客不仅可以亲身沉浸式体验挖甘薯的乐趣，现场还有两位国家首席科学家在线科普。正是通过一场场的开放日活动，江苏农科院实现了与当地普通大众的双向交流，提高了自身在公众心目中的地位。

除此之外，江苏农科院还整合了信息服务平台，实现为农服务网络化。江苏农科院依托门户网站、手机客户端、微信、短信等多

种渠道实现信息科技成果及院所活动的传播，主要面向农民、农业企业、新型农业经营主体等展示农业科技成果，进行技术推广，实现合作服务对接等。例如，通过微信公众号推送农业技术科普内容。

第四节　黑龙江省农业科学院：以科技园区为载体的农业科技传播

黑龙江是我国的粮食生产重地，是农业大省，农业科技园在其农业科技传播中起到了举足轻重的作用。近年来，黑龙江省农业科学院先后建设成立了园艺分院、绥化现代农业科技示范园区等众多分院，齐齐哈尔市现代农业示范园区正在规划建设中。分布在各地的农业科技园区依托当地自然环境与科研实力并联合商业资源打造自身特色，在推动农业高质量发展、保障国家粮食安全的同时带动其他行业的发展，提高当地的经济效益与社会效益。

一、加快科技园区建设，促进多功能融合与产业开发

黑龙江省农业科学院园艺分院位于哈尔滨市香坊区，是东北地区规模最大、综合最强的园艺科研机构。院内设有 6 000 米的防风林带，芳草萋萋、瓜果飘香，凭借优美的自然环境被誉为"都市庄园，神农奇观"，这里是黑龙江省寒地特色果蔬加工中试基地，也

是黑龙江省植物单克隆重点实验室。园艺分院在富锦市培育出的西瓜品种"龙盛8号"含糖量为13.6度，该品种解决了一直困扰当地的西瓜生产含糖量和耐贮运性不兼容问题。富锦的西瓜生产面积也因此逐年扩大，促进了富锦西瓜产业的发展。园艺分院内还设有黑龙江省农科院农业科技园，该园区集科技创新、产业开发、旅游观光、科普教育等多项功能于一体，是综合性现代化农业高新技术园区，是省农科院乃至黑龙江省展示现代农业高新技术的重要窗口。园区成立了龙园高科技农业发展有限责任公司、龙园园林绿化工程有限公司两个经济实体，依托企业的商业运作，园区产品遍及东北地区，辐射到了西北、华北等十几个省份，扩大了当地农产品在全国的消费市场。通过采用"龙头企业＋经济组织＋基地＋农户"的利益联结机制，加快了对农民服务体系的完善建设，在东北地区建立起45个销售服务网点、60个品种示范点，基地规模达350万亩。极大地提高了农民的素质技能水平、扩展了农民的收入来源，促进当地农业发展。

二、推动大豆种质资源创新，突破"卡脖子"难题

大豆是世界上重要的粮油兼用作物，也是人类优质蛋白质的主要来源，目前，也是我国进口量最大的农产品。大豆的重要地位决定了不能单靠进口满足国内需求，只有掌握大豆种质资源才能把"饭碗"牢牢端在自己手里。为此，黑龙江农科院各地分院通过一次次的科研实验培育出了一批批的新型大豆品种。

在绥化，黑龙江农科院与绥化市政府联合建立的绥化现代农业科技示范园区是我国国家级农业科技示范园区。园区内培育的大豆高产品种"绥农14"，蛋白质含量41.72%，具有轻病虫害、强秆不倒的特点，推广面积已达1亿亩。在黑河，北纬50°15′，东经127°27′，是"中国大豆生育期组零点标识"，该位置也是黑龙江农科院黑河分院的所在地，这里培育的大豆品种"黑河43"是我国目前推广面积最大的大豆品种，为我国的大豆食用安全提供了重要保障。在大庆，18个抗线虫、耐盐碱、高产优质大豆品种获得了黑龙江以及其他地区的高度认可，这是黑龙江农科院大庆分院在试验田中锚定大豆种质资源创新攻坚方向培育出的大豆新品种。其中，"高抗大豆胞囊线虫病、耐盐碱大豆新品种抗线1号"成为我国第一个自主创新的抗线虫大豆品种，获得国家发明四等奖。黑龙江农科院各地分院培育出的大豆新品种极大地缓解了周边地区大豆减产甚至绝产的问题，满足了绿色农业发展对大豆新品种的需求。黑龙江是我国大豆的主要产区，占我国大豆播种面积的一半以上，黑龙江农科院培育出的优质大豆新品种为振兴我国大豆种业和现代农业贡献了重要的力量。

三、强化科技成果转化，发掘农业新质生产力

在克山县，新引进的玉米水肥一体化无膜浅埋滴灌栽培模式是克山县现代农业科技示范园区2024年的重点展示项目，水肥一体化技术代表农业新质生产力，能够做到改善土壤微生物、精

准灌溉、精准施肥，在节能节水的同时有效促进农作物稳产增收。该园区大力推动现代农业科技园区建设，园区内配有灌溉设备、互联网可追溯系统、土壤墒情监测及病虫害预测预报系统，对农作物生长状况全程进行数字化管理，加强园区的精细化、现代化管理。

四、积极开展中俄合作，打造特色农业科技园区

在逊克县、孙吴县、嫩江市和爱辉区交接地带，黑河国家农业科技园区建设于此，中俄合作是该园区的特色。该园区重点建设"五园一点"，包括中俄农业科技合作园、中俄林特科技产业园、高纬寒地粮油产业园、中俄食品加工贸易园、健康生物产业园和新农村建设先行示范点。自建立以来，该园区一直积极致力于与俄罗斯的农业机构开展合作，借鉴彼此先进适用的优良品种、生产技术、经营管理办法等，提高双方的农产品质量与市场竞争力，并举办农业技术培训班提高中俄双方农技人员的职业素质。

黑龙江农科院以科技园区为载体，打造科研、旅游、研学等多项产业协同发展的现代农业示范园区，为推动我国农业高效发展提供了"龙江方案"。在未来，其成功经验将进一步辐射全国，对推动我国智慧农业的升级，破解农业发展中"卡脖子"的技术难题，实现乡村振兴具有借鉴意义。

第五节　湖南省农业科学院：以人才带动 为纽带的农业科技传播

湖南省农业科学院一直以科技创新为发展动力，开展农业科研活动，研发新技术、培育新品种，对内开展科技服务培训与企业合作，建立示范基地推动产业发展，对外积极开展国际合作推广中国的杂交水稻与优质辣椒品种与种植技术，从而实现农业科技的有效输出与研究成果的落地转化。

一、聚焦人才联动，学会资源与一线服务协同

湖南省农业科学院整合挂靠学会的队伍人才、技术等资源，组织专家服务于解决农业发展重大突发性问题，发挥学会科研队伍优势，让学会服务于农。如今，有湖南省农学会、湖南省水产学会以及湖南省园艺学会等七家学会挂靠于湖南农科院，日常开展学术交流、普及、咨询以及服务等工作。湖南农科院大力推动发挥学会科研人才队伍优势，鼓励专家深入田间地头进行科普宣传工作，强调调研工作要解决省内农业生产的实际问题，做出有参考价值的报告。另外，湖南农科院每年会给予学会一定的财政支持用于学会建设，以促进学会健康可持续发展，让学会更好地为农服务。

二、聚焦技术触达，科技特派员与示范基地赋能

湖南农科院建立了完备的科技特派员体系，通过科技特派员下乡，实现点对点的精准服务，快速满足田间一线的技术需求。例如，科技特派员赴武陵源、郴州、醴陵等多地展开科技服务，覆盖茶叶、水果、水稻等产业，解决技术需求、品种改良以及灾后减损等问题，实现了农业技术的有效推广。同时，针对农业疑难问题，湖南农科院积极派遣专家团队深入省内各地的田间地头，提供科技服务培训，促进当地农业产业化发展。例如，专家团队针对华容县大豆种植户"不施肥、不打药"的传统观念展开大豆单产提升技术培训，促进当地大豆产业发展，并积极谋划与当地政府机构、企业打造"长沙臭豆腐"生产基地并推出品牌名片"湖湘大豆品牌"。近年来，湖南农科院积极开展跨界融合行动，与各大高校、企业、科研机构展开多方面的交流与合作，通过各科研成果的跨界融合、人才的跨界培育与交流、国际的跨界互助等，促进地区健康高效发展。在水稻种植科技服务方面，专家团队通过水稻种植合作社及家庭农场，开展科技服务活动，并联合企业技术人员对水稻育秧技术进行指导。在打造特色产业方面，湖南农科院针对湘东黑山羊特色产业建立了省、县、乡、科技特派员和养殖企业的"3＋1＋1"科技服务体系，通过实施高频快繁技术、早期断奶技术以及现代舍饲育肥绿色养殖技术，使母羊配种间隔缩短 30 天，母羊繁殖率提高20.2％，羔羊断奶成活率提高 15.5％，育肥羊出栏增重 3.60 公

斤，只均增收 200 多元，累计带动 200 余户农户从事湘东黑山羊养殖，成功探索出一条通过产业兴旺推动乡村振兴的道路。

开展科企合作建立示范基地，以实效带动辐射，促进当地农业发展与农民增收。湖南农科院积极发挥生物技术在农业领域的变革作用，让科技赋能生态农业。湖南农科院联合企业、合作社建立示范基地，依托企业的复合生物酶技术构建起"土壤修复—作物提质—农残降解"全链条解决方案，通过"数字化溯源—生物防控体系—标准化管理"建构了绿色食品的认证体系，取得"成本下降—溢价提升—产业链延伸"的经济效益，实现了生态效益与经济效益双赢。而"科研机构+龙头企业+合作社"这一黄金三角模式，已辐射至湖南 7 个农业县，推广面积达 5.2 万亩，培育出"美井美田"等区域公用品牌，其产品远销东南亚及非洲市场，真正实现了科技富农的目标。

三、聚焦国际传播，技术输出与全球话语权构建

积极开展国际合作进行技术输出，拓宽科技传播边界。湖南农科院建设有杂交水稻"一带一路"联合实验室，一直以来积极向发展中国家推广杂交水稻，向外派出专家进行杂交水稻的培育与研究，为其他国家培育适宜当地生态的水稻品种。2009—2012 年，湖南农科院承办了科技部主办的四期国际杂交水稻技术培训班，覆盖了亚、非、南美三大洲 14 个国家的 77 名杂交水稻技术学员，积极推动了杂交水稻领域的国际交流与合作。湖南不仅是杂交水稻之

乡，也是杂交辣椒之乡。通过国际科技交流合作与外贸渠道，湖南农科院研发的辣椒品种已推广到全球30多个国家和地区。在非洲卢旺达，湖南农科院与当地农户合作推广高辣度辣椒品种，形成"产学研一体"模式，帮助当地农户增收。湖南农科院通过搭建"技术输出—人才培养—本土化应用"的传播链，推动了中国农业科技在国际上的推广，提高了中国农业在全球领域的话语权。

湖南农科院的科技传播以"解决生产痛点与重大问题—深入科研传播实际成效—构建信任体系—推广规模应用"为核心，通过科技服务培训与技术指导、建立示范基地、开展组织联动与国际合作等多元渠道，将技术成果转化为农户可操作的实践方案，并依托政策、市场与企业支持，形成"技术创新—科技传播—产业增值"的良性循环，为我国其他地区的农业发展提供了可借鉴样本。

第四章 | 广西农业科技传播的现实需求

在现代化农业发展的浪潮中，农业科技传播扮演着至关重要的角色。广西作为我国南方重要的农业省区，其农业科技传播的现实需求尤为迫切。本章将从农业资源丰富带来的基础需求、农民科学素养普遍较低引发的迫切需求、农业强区建设面临的发展需求、现代要素进入农业触发的革新需求四个方面，深入探讨广西农业科技传播的现实需求。

第一节　农业资源丰富带来的基础需求

一、农业历史资源的基础深厚

广西具有悠久的农业历史文化，是中国稻作文化的起源地之一。广西农民在长期的农业生产实践中积累了丰富的农耕文化，并传承至今。例如，被誉为"世界梯田之冠"的龙胜龙脊梯田系统，以其独特的生态农业景观和精湛的耕作技艺，被联合国粮农组织列入全球重要农业文化遗产名录，每年都吸引着来自世界各地的游客参观考察。中国杂交水稻之父袁隆平院士也曾选择在广西桂林灌阳县进行杂交水稻研究、示范和推广，推动杂交水稻技术在当地的普及和应用。广西的农业历史资源中蕴含着丰富的传统农业技术和知识，这些技术和知识在现代农业科技传播中仍然具有重要的参考价值。通过挖掘和整理这些传统技术，逐步形成创新性和实用性相结合的现代农业科技体系，有助于提升农业科技传播的文化内涵建设。这些农业历史资源为农业科技传播提供了丰富的文化土壤和人文环境。

二、农业自然资源的基础丰厚

一是广西自然条件优越，横跨热带与亚热带，气候温暖湿润，四季分明，降水充沛，光热资源丰富，土地肥沃、适合多种农作物的生长，使得广西成为我国南方重要的农作物生产基地。二是广西地理位置优越，位于中国南部，与多个省份接壤，东邻粤港澳大湾区，且拥有较长的海岸线，同时也是连接东南亚各国家的重要通道，是"一带一路"有机衔接的重要门户。这一地理优势为广西农业产品的外销和农业技术的引进提供了便利条件，不仅便于农产品的运输和销售，也利于吸收和借鉴周边地区的农业技术和经验。这使得广西在农业资源的获取和农产品的输出上具有得天独厚的优势。三是广西的土壤类型多样，主要包括红壤、黄壤、水稻土等，这些土壤具有丰富的养分和良好的透气性，为农作物的生长提供了良好的条件。特别是广西的水稻土，经过长期的耕作和改良，已经使广西成为全国著名的优质稻米产区。四是广西生物多样性极为丰富，包括各种农作物、林木、畜禽、水产等，不仅为农业生产提供了丰富的物种选择，还为农业生态系统的稳定和可持续发展提供了重要保障。这些丰富的自然资源为农业科技传播提供了广阔的空间和舞台。

三、农业经济资源的基础富足

作为农业资源大省，广西的农业经济在丰富资源的支撑下展现出繁荣景象，这为农业科技传播提供了坚实依托。在广西 2025 年政府工作报告中，两组数据凸显了其农业经济的实力："广西粮糖产量连续 33 个榨季排全国第一，水果产量连续 7 年排全国第一。"这不仅是广西农业长期稳定发展的成果，更是农业经济资源富足的直接体现。具体的农产品领域，广西的蔗糖、桑蚕、罗汉果、茉莉花等产量位居全国第一，产能不仅能够自给，还销往广东、上海和黑龙江等地，使广西成为全国著名的"糖罐子"和"菜篮子"。而芒果、荔枝、香蕉等热带水果，凭借广西独特的气候资源优势，产量丰厚且品质上乘，不仅满足国内消费者的需求，还成功打入全球市场，在国际舞台上占据一席之地，进一步拓宽了农业经济的增长空间。

农业经济的持续繁荣，让农民的钱包越来越鼓，农民在追求农业带来的更高经济效益的过程中，对农业科技的需求日益增强，愿意投入更多的资金用于引进和应用先进的农业科技，以提高农业生产效率和经济效益，为农业科技传播提供了广阔的空间与良好的经济条件。

第二节　农民科学素养普遍较低引发的迫切需求

一、农民人均受教育年限普遍较低

广西农民的受教育程度普遍不高，平均受教育年限较短。依据广西壮族自治区统计局发布的数据，在第七次全国人口普查中，广西 15 岁及以上人口的平均受教育年限为 9.54 年，文盲率为 2.37%。广西农村地区农民的平均受教育年限约 7.1 年，小学及以下文化程度的人口接近 60%，初中文化程度的人口占 34.93%。这意味着广西绝大多数农民只有初中以下文化程度，知识储备相对薄弱，接受能力、理解能力不强。这不仅影响了农民对现代农业科学技术的认知和掌握，也制约了农业生产力的提升和农村经济的发展。因此，提升农民的现代农业素养，推动农业科技传播显得尤为迫切。

广西农民对现代农业科学技术的认知普遍不足。很多农民依旧过度依赖经验主义，对新技术持怀疑态度或观望态度，不愿冒险接受新技术。他们更习惯于传统的种养方式,这种模式下农业生产效率相对较低,农产品质量也良莠不齐。在一些偏远地区,农民获取农业科技信息的渠道较为狭窄,且存在信息不准确或获取不及时的情况。这使得他们难以了解到最新的农业科技成果。这种保守的观念以及信息流通不畅等问题,致使现代农业新技术在广西农村的推广进程较为缓慢,农业生产方式相对滞后,难以达成农业现代化的目标。因此,提升农民对现代农业科学技术的认知,推动农业科技传播显得尤为迫切。

二、农民对现代农业科学技术的掌握不佳

广西农民对现代农业科学技术的掌握不佳。一是在农业技术方面的研发和应用还不够成熟,现代农业技术的水平较低。同时,广西农业信息不对称,农民难以获取有效的市场与生产信息,这使得农民在接触和学习现代农业科学技术时困难重重,难以有效接触此类技术。二是现代农业科学技术的宣传和培训不足。广西一个乡镇仅有一个农机站,人员配备不足,多数情况下,现代农机的展示和推广仅在农业大户或合作社中开展。即便农民有意愿接受新技术,但由于缺乏系统的学习和培训,他们往往难以有效掌握和应用这些技术。三是农民农业经济成本限制。广西农民人均耕地面积有限,生产规模化程度不高,生产技术投入水平相对较低。因此,他们在采用新技术时往往需要承担更高的生产成本。这导致部分农民因经济压力而继续沿用传统的农业科学技术,进而造

成农业生产效率低下、农产品质量参差不齐，难以满足市场需求。因此，提升农民对现代农业科学技术的掌握水平，推动农业科技传播显得尤为迫切。

三、农民对农业科学技术成果转化能力较差

广西农民对农业科学技术成果转化能力较差。一是技术吸纳能力弱。由于农民科学素养较低，大部分农民没有受过系统正规的农业技术教育和职业培训，他们吸纳农业科学技术的能力非常弱。二是生产要素配置不合理。农民对生产要素的投入和配置水平较低，资源配置达不到最优化。这导致农业生产成本高昂、效益低下。三是生产经营决策水平低。农民在结构调整、产品流通、投入产出等方面缺乏正确的抉择，不能适应市场经济的需要。这限制了农产品的市场竞争力，影响了农民的收入水平。农民的农业科学技术成果转化能力亟待提升，使得推动农业科技传播尤为迫切。

第三节　农业强区建设面临的发展需求

一、农业强区建设面临提升乡村振兴成效的需求

随着创新驱动发展战略的实施，科技的迅猛发展正在日益深刻

地影响社会变迁的轨迹，特别是在农业转型升级和互联网普及的背景下，乡村振兴正面临前所未有的可能性。《国民经济和社会发展第十四个五年规划和 2035 年远景目标纲要》提出"农业农村优先发展，全面推进乡村振兴"的要求，农业科技传播在其中发挥着战略性的作用，它不仅仅肩负着传播农业技术、科技知识和信息的基础任务，还具备促进农民科技素养提升、推动产业融合、推进乡村建设等多重功能，是促进现代化农业发展和农业强国的有力抓手。2018 年，中央 1 号文件提出"加快实现农业大国向农业强国转变"，党的二十大报告则将"全面推进乡村振兴，加快建设农业强国"写进了报告中，由此说明农业强国建设这一目标正式被列入我国发展进程中，需要一系列实际措施去实施达成。对标农业强国建设和本地实际情况，广西壮族自治区党委、政府在成功达成广西现代特色农业示范区增点扩面提质升级的三年行动目标后，为进一步推动农业高质量发展，以建设现代特色农业强区作为新的发展目标，提出了启动广西现代特色农业示范区高质量建设五年行动的新战略。广西农业强区建设的目标设置是基于宏观农业强国战略对广西农业的发展定位要求，而乡村振兴是新时代农业强国建设的重要任务，当乡村振兴这个动态性、过程性的成果达成时，农业强国便显现出来。因此，只有全面激发乡村振兴活力、夯实乡村振兴战略实施实效，才能加速农业强区建设宏伟蓝图的实现。

二、农业强区建设面临提升农业竞争力的需求

农业是国民经济的基础，更是农业强区经济持续健康发展的坚实基础，农业竞争力的强弱直接影响着广西农业强区建设的成效。通常而言，农业强区具备先进的农业科技与创新能力。借助科技手段提升农业生产效率、降低成本、减少资源损耗，是农业强区的重要特征之一。现代农业的发展不再局限于传统的种植业和畜牧业，还包括农产品加工、电商直播、农业观光旅游等一二三产业融合领域。这些产业的发展为农业强区提供了丰富的产业支撑，进一步增加了农业的附加值和竞争力。只有提升农业综合竞争力，才能真正达成农业强区的建设目标。

三、农业强区建设面临提升农民科技水平的需求

农民既是农业强区建设的主体，也是受益者，其科技创新与应用水平的高低，直接影响着农业强区建设的成效。农业强区通常具备先进的农业科技研发与推广体系，须在提高农业科技进步贡献率、提升农作物耕种收综合机械化水平，以及在现代农业关键核心技术领域实现技术跨越等方面，持续推动农业技术的创新与进步。而先进的农业科技研发成果往往需要通过农民的实践转化为实际生产力，只有当农民掌握了这些科技知识，并能准确应用于农业生产时，科技才能真正推动农业强区建设。

四、农业强区建设面临提升农村发展水平的需求

农村是农业生产和农民生活的主要场所，是农业强国建设的重要平台。农村发展水平的高低，直接影响着广西农业强区建设的成效。完善的农村基础设施、良好的生态环境和丰富的文化生活等高效的农业生产体系要素，共同构成了农业强区建设的坚实基础。只有推动农村经济发展、完善农村基础设施、提升农村生活品质，才能不断增强农民对农业科技的主动接受和应用能力，进而为农业科技的传播和应用营造良好的环境。

五、农业强区建设面临提升可持续发展水平的需求

农业可持续发展能力是农业强区建设不可或缺的重要特征，农业可持续发展能力高低直接关系到农业强区建设的成效。农业可持续发展是指在满足当前农产品需求的基础上，保护生态环境、保障农产品品质和农民收入，同时为未来世代提供可持续的农产品供应。它要求农业生产不仅注重经济效益，还要兼顾生态效益和社会效益。在广西现有耕地和水资源情况下，推动农业生产方式的转变，注重资源节约和环境保护，提升农业可持续发展能力，有利于提高农业生产效率和效果，有助于确保粮食生产的稳定性和安全性，推动绿色农业发展，实现农业的长期稳定发展。

第四节　现代要素进入农业触发的革新需求

一、农业生产手段现代化的革新需求

农业生产手段现代化是农业强区建设的主要推动力。随着数字化智能时代的发展，农业生产手段正在经历从传统到现代的深刻转变。物联网、大数据、人工智能等高新技术的引入，使得农业生产手段更加机械化、自动化和智能化。例如，无人机喷灌技术、智能监测系统、自主作业机器人等现代化装备的应用，极大地提高了农业生产的效率和质量。因此，广西需要加快农业科技传播的步伐，积极引进和推广这些现代化农业生产手段，以适应农业生产手段现代化的趋势。

二、农业生产技术现代化的革新需求

农业生产技术的现代化是农业强区建设的重要驱动力。现代农业生产技术包括基因编辑技术、生物育种技术、精准农业技术等，通过利用物联网、大数据和人工智能，可以实现对农田环境的实时监测和精准管理。这些技术的应用不仅可以提高水肥利用率、减少资源浪费，还能根据作物的生长需求进行个性化的管理，进一步提升农作物的产量和质量，同时减少对环境的影响。农业技术不断推陈出新，为农作物品种的改良提供了前所未有的可能性。因此，广西需要加快农业科技传播的步伐，积极引进和应用这些现代化农业生产技术，以适应农业生产技术现代化的趋势。

三、农业劳动者现代化的革新需求

农业劳动者的现代化是农业强区建设的关键。随着农业生产手段的现代化和生产技术的革新，农业劳动者面临着前所未有的挑战和机遇，他们的技能水平、知识素养以及创新能力成为决定农业未来发展的重要因素。现代农业劳动者需要具备更高的技能水平和知识素养，掌握先进的农业生产技术和设备操作方法，了解现代农业管理的理念和方法以及具备对新技术、新设备的快速学习能力，更好地适应现代化农业生产的需求。只有这样，才能推动农业现代化进程的不断深入，实现农业的持续繁荣和可持续发展。因此，广西需要加快农业科技传播的步伐，加强对农业劳动者的培训和教育，以提升农业劳动者现代化的要求。

四、农业组织管理现代化的革新需求

农业组织管理的现代化是农业强区的重要保障。随着农业生产规模的扩大和生产方式的转变，农业组织管理需要更加科学、高效和灵活。农民合作社、家庭农场、农业产业化龙头企业等新型农业组织形式，已经成为提高农业生产组织化程度和市场化水平的重要抓手。农业组织管理的信息化建设，更是现代农业提高管理效率和决策科学性的重要建设。因此，广西需要加快农业科技传播的步伐，积极引进和应用现代化农业组织管理理念和方法，以适应农业组织管理现代化的趋势。

五、农业基础设施现代化的革新需求

农业基础设施的现代化是农业强区建设的基础支撑。随着现代化农业生产手段和技术的应用，农业基础设施更加完善、高效和智能化。尤其是农田水利设施、农村道路、供电供水设施以及农业数字基础设施等的提升，使农业生产的抗灾能力和生产效率提高。同时，农业基础设施的维护和管理也需要同步提升现代化水平，才能确保其长期稳定运行。因此，广西需要加快农业科技传播的步伐，加大对农业基础设施的投入和建设力度，以适应农业基础设施现代化的趋势。

第五章 广西农业科技传播的现状分析

第一节　广西农业科技传播的传者

在传播学语境中，传播者也称传者，有狭义和广义两层意蕴。狭义的传播者与新闻传播学话语体系中信息传播组织、机构和相关从业人员相近，广义的传播者则指信息行为的发出方、引发者，如果将信息的传播流动过程看作一个线性过程，传播者处于信息传播链条的第一个环节，是传播活动的发起人，也是传播内容的发出者。

值得注意的是，在信息传播的实践中，伴随着媒介融合的浪潮，传受之间的边界逐渐模糊，呈现出交融的状态，如伴随着网络技术的发展和普及，在线交流促使二者间交互速率提升，网络空间为传受之间即时角色互换提供场域，二者之间主体和客体、主动和被动的二元对立性逐渐消失。然而，在对传播行为做理论分析时，厘清传播者，从传播者出发把握传播实践的整体依然具有重要意义，根据不同传播者对传播做类型化区分是很有必要的。

农业科技传播具有双重意蕴，一是农业科技信息的流动，二是技术的扩散。本章节以传播者所属社会分工部门的差异为标准，将当前广西农业科技传播实践中的传播者分为专业媒体从业者、科技部门宣传工作从业者、农业科学研究从业人员和农业科学技术推广人员、自媒体从业者四个大类，并进行详细分析。

一、专业媒体从业者

专业媒体从业者指的是专门从事媒体工作的人员，一般指从事与电视台、新媒体、报刊、电台等有关职业的人，如记者、主播、电视编导等。他们具备较为优良的媒介素养，掌握现代信息传播技术，能够依托产业化手段和专业化媒介组织开展农业科技传播活动。从传播类型而言，专业媒体从业者所开展的农业传播工作在一定程度上属于大众传播类型。在类型细分上又可以分为党报系统大众媒体传播和商业媒体大众传播两类。

党报系统开展的农业科技大众传播包括两类：一是中央、省、市、县级日报、电视台等及其所属"两微一端"和视频传播平台账号等关于农业科技方面的报道；二是专业型、垂直型媒体及其所属"两微一端"和视频传播平台账号等关于农业科技方面的报道，这类媒体如《农民日报》《科技日报》等。

商业媒体开展的大众传播建立在网络技术和传播技术、移动通信技术之上，各类公司利用传播平台、网站开展农业科技传播活动，如由 MCN 公司掌握的农业科普账号、由企业掌握的"三农"资讯网站上所做的传播。

二、科技部门宣传工作从业者

科技部门宣传工作从业者是农业科技传播的重要推动力量，他们一方面依托单位、组织持有的网站、刊物、社交媒体账号等大众媒介开展农业科技传播实践，一方面组织开展讲座、宣传活动、公益活动等线下传播活动。虽然在传播手段选择上对大众传播媒介具有较强依赖性，但是从传播者的主体性而言，其在传播行为中代表的是组织、机构，在传播类型分类中可以归纳到组织传播。

他们的科技传播特点一是带有明显的宣传色彩，内容选择上维护本单位美誉度的立场明显；二是内容涉及领域丰富，但是传播力较弱，表现为对当前最新传播手段的利用和采用缓慢，最明显的就是传播渠道矩阵不完整，除部分官方网站外，其他传播阵地的关注量不大，发稿量不大，内容更新不稳定；三是传播影响力有限，除官方网站外，其他传播阵地如微信公众号、短视频平台的关注度普遍较低；四是线下的传播活动有比较明显的"行政风"和工作任务导向。

三、农业科学研究从业人员和农业科学技术推广人员

农业科学研究从业人员和科学技术推广人员的农业科技传播实践是谈及农业科技传播问题时容易被忽视的环节。以科学研究从业

人员和科学技术推广人员作为传播者开展的农业科技传播行为在传播学话语中被归纳为或者定义为一种行为传播。他们在农业科研工作和农业技术、品种推广工作实践中，将农业科技知识和技术传播扩散至服务对象。

农业科学研究人员和农业科学技术推广人员作为传播者开展的农业科技传播活动包含以下特征：一是内容上具有严谨的科学性。他们的传播是农业专业知识的传递和专业技法的传输，如普及某一新品种种植要领、推广某一高产栽培技术等，建立在严谨的科学知识体系之上。二是传播行为以"说服"为目标。简单地说，他们的传播行为不是单纯的信息流动，而是预设了"接受"这一前提，其传播行为发起的核心目的是促使受众接受某一特定的农业科技创新理念或者成果，从本质而言是一种说服行为。三是传播形式以人际传播为主。他们的农业科技传播网建立在差序格局的人际关系网络结构和链条式行政组织网络结构的交错之上。于"私"而言，以自身为核心，根据亲缘、地缘、学缘的亲疏远近和差等次序建立起信息交流圈；于"公"而言，以个人所处的社会分工岗位为中心点，围绕科层制行政机构组织方式和链条式行业结构网络上下或者左右游动，开展农业科技方面的交往。无论是哪一种传播网络，只是在依托介质上略有差异，其核心在于"人"的交往。

四、自媒体从业者

伴随着媒介技术的繁荣和平台媒体的兴起，媒介使用权利下沉，自媒体迅速崛起，个人利用平台媒体展示生活、表达观点、聊天交友等成为开展社会交往的一种风尚，自媒体逐渐成为网络空间场域中主要的内容生产者。自媒体的传播内容核心围绕个人经验，网络空间是他们无法脱离的传播场域，互联网技术、媒介技术、移动和即时通信技术是他们构建传播途径的基石。

自媒体开展农业科技传播有两种范式。一是即时性或临时性开展，当农业科技相关领域发生重大新闻事件，成为社会热点关注和媒介事件时，会带动不同领域自媒体博主加入相关的内容生产与传播中。二是持续性开展农业科技传播，此类自媒体传播者以农业科技相关领域知识生产为账号的日常传播内容，如抖音账号"李文娟农业科普"。

随着平台媒体对当今社会的影响向着全方位、深层次方向迈进，越来越多大型网络媒体平台逐渐在我们日常生产生活中扮演"基础设施"的角色，如支付宝、微信等，任何个人、组织都无法回避平台或者平台媒体带来的影响，专业媒体组织、农业科研机构、推广机构、教学单位等机构、组织纷纷在平台媒体开设相关账号，在新的话语场域中争夺发声的权力，这是组织传播适应最新传播方式的努力和尝试。在此，我们要注意区分，组织机构平台账号开展的农业科技传播与自媒体传播者开展的农业科技传播是有本质区别的，虽然二者在传播形式、传播内容上存在许多相似之处，但是二者属于完全不同的传播类型。

第二节　广西农业科技传播的受众

传播学家拉斯维尔在《传播在社会中的结构与功能》中将传播过程用五种基本要素概括，即前文提到的传播的"5W"要素。传播的概念是建立在"传""收"两个相对动作的循环之中的。受众即信息接收者，或者说是信息影响对象，在媒介经济视角下，受众还是信息产品的消费者。早期的传播学受制于"传者"中心论，直至 20 世纪 60 年代左右，传播学研究开始了"传者"中心向受众本位的转变，指出受众在信息传播过程中不是同质的、单纯的、被动的，而是具有多元性、明显差异性、广泛性的群体，在此认知基础上，对受众进行"细分"成为受众研究的重要课题。

农业科技传播的受众是一个广泛性的概念，特别是在当前媒介社会化背景下，传播者、受众的角色身份界限在互动中不断消弥，具体的受众身份还要根据具体的传播情境、传播场景来判别。本章节以农业科技在社会中研发、推广、采用过程中涉及的相关主体为考察对象，将农业科技传播的主要受众群体归纳为农业科技供应者、农业科技推广者、农业科技用户三类。

一、农业科技供应者

农业科技供应者指在农业科技研发端从事相关工作的组织和个

人，他们是农业科技的创造者，对于农业科技的发布方式、发布内容具有较大的话语权，通常以农业科技传播者的角色出现，然而，他们同时也是农业科技传播的主要受众群体之一，整体较高的学历水平和科学素养是其主要群体特征。

一方面，农业科技成果只有转化为生产要素，投入现实的生产环节以后，才能完成从知识力量到生产力的转变，因此农业科技的研发必然要考虑农业市场因素，从而要求农业科技供应者在农业科技传播中注重对市场信息的抓取。另一方面，科学研究、科技研发不是闭门造车，需要研发者们关注行业动态，关注前沿发展，掌握所属行业的研究脉络与研究进展。

二、农业科技推广者

农业科技推广者是指从事农业推广工作的专业人员，其主要职责是将科学研究成果转化为实用的农业技术，并将其传授给农民和农业从业者。在农业科技传播网络中，农业科技推广人员扮演着"关键连接点"角色。他们大多数人接受过高等教育，对当前"三农"领域制度、政策了解程度高，长期扎根在县、乡（镇）产业一线，对当地农业发展水平十分熟悉。

作为"关键连接点"，农业科技推广从业者在农业科技传播网络中扮演着传播者、受众的双重角色，这种双重角色之间存在清晰的先后逻辑关系，即农业科技推广从业者先是农业科技传播的受众，之后才会成为传播者。

三、农业科技用户

农业科技用户指农业科技成果的最终使用者，也是农业科技成果的消费者，主要为农业生产经营者。伴随着新型农业经营模式的出现，我国的农业生产经营者变得更加多元，经营主体依照主体性质可以划分为企业和个人，相对应的科技用户可以分为企业用户和个人用户两类。

企业用户指经营农业生产种植的公司、合作社等，为取得更多经营利益，从而购买农业新品种、新技术。企业用户作为现代商业发展的产物，在对科技信息的获取上更加具有积极性，其信息决策也根据企业差异具有独特的程序规范。

个人用户则为种植大户、农民等，依赖传统知识经验开展农业种植和生产，在科技信息获取方面大多数处于被动地位，其信息处理也受传统社会关系影响较大。

第三节 广西农业科技传播的媒介

郭庆光在《传播学教程》中指出，媒介也可称为传播渠道、信道、手段或作具，并且可以指从事信息采集、加工制作和传播的社会组织，即传媒机构。拉斯韦尔曾在《传播在社会中的结构与功能》中提出了传播的五大基本要素，其中渠道（Channel）指的是信息从传播者最终到受传者所经过的通道。

随着现代农业的快速发展和农村经济结构的不断调整，农业科技信息传播已成为提升农户生产效率、推动乡村振兴的重要手段。在广西，农业科技信息传播渠道逐渐呈现出多元化、融合化的特点。根据信息流动的不同渠道和方式，并按照传播主体在社会合作、社会身份上的差异进行分类，农业科技信息传播可划分为大众传播、组织传播、人际传播、群体传播等传统类型。

媒介技术不断更新升级，特别是随着互联网和移动通信技术在农村生产生活中的全面渗透，新的传播形式不断涌现，社交媒体传播、平台媒体传播等渠道逐渐成为农户获取信息的重要途径。传统的大众传播渠道如广播、电视、报纸等，依然在广西农村地区发挥着覆盖广、传播快的优势；组织传播则依托农业部门、农技站、合作社等组织，通过培训、示范等形式向农户传递农业技术信息；人际传播和群体传播作为农村社会的主要信息交流方式，以邻里交流、农户间口碑相传和技术观摩等途径，增强了信息的信任感和实用性。

与此同时，随着移动互联网的普及，微信、抖音、快手等社交平台，以及农业电商和服务平台，逐步改变了信息传播的时空格局，提供了更具互动性、可视化的农业科技信息服务。通过调研梳理，广西农业科技传播的主要渠道呈现出传统与现代并存的发展格局（表5-1）。

表 5-1　广西农业科技传播主要渠道

渠道		媒介
大众传播	线下	电视、广播、报纸、杂志、图书，如《农民日报》、《广西日报》、广西广播电视台等
	线上	报纸、杂志的网站、App 等平台，如广西新闻网、广西云 App 等
组织传播	线下	政府、农业部门、科研院所、村委会或农业企业举办的各类培训会、交流会和现场会及会上所发的宣传册
	线上	农业农村厅、农业农村局、农科院、推广站、农业协会的官网和微信公众号
人际传播	线下	农业专家、科技特派员、推广站人员、村干部、亲戚朋友
	线上	微信、QQ 好友，或者关注的个人账号等
群体传播	线下	工作、聚会、集会等
	线上	微信朋友圈和微信群聊、QQ 空间和 QQ 群聊
平台媒体传播	线上	抖音、今日头条、快手、西瓜视频、微博、小红书

一、大众传播渠道

大众传播是一种极为复杂的社会现象，是专业化媒介组织运用先进的传播技术和产业化手段，以社会上一般大众为对象而进行的大规模信息生产和传播活动。作为农业科技信息传播的重要渠道之一，大众传播以某一传播主体为中心向外扩散，可以以最短的时间尽可能多地覆盖受众，具有由点及面的效果，对于推动农业科技知识的普及、促进新技术和新品种的推广应用具有重要作用。

1. 党报系统及其数字化端口是传播主力军。 广西各级党报系统及其数字化平台在农业科技信息传播中占据主导地位,形成了覆盖广泛且影响力较强的传播渠道。从数据来看,广西日报传媒集团(如《广西日报》、广西新闻网、《南国早报》、广西云等)和广西广播电视台(如广西新闻、经济新观察等)是广西农业科技信息大众传播的主要阵地,保持着核心地位。

2. 垂直型大众媒体集中于中央级平台,区内垂直媒体影响力不足。垂直型大众媒体(如《科技日报》《农民日报》等)专注于农业科技及相关领域的信息传播,其特点是内容更具深度和专业性,能够有效提升广西农业科技信息的可信度和影响力。然而,广西区内自有的相关垂直型大众媒体数量有限,报道较少,专业性农业科技媒体尚未形成规模。

二、组织传播渠道

组织传播是某一组织或团队为了达到某种目的或效果进行的一种有组织、有规律的信息传播活动,分为组织内部交流传播和组织外部信息传播。这种传播以组织为主体,通过调研走访发现,广西农业科技领域的组织传播包括以下三个层面:一是政府部门与农业主管单位,如农业农村厅、农业农村局、推广站等,这些部门承担农业政策宣传、科技推广和指导农户的职责,是广西农业科技信息传播的重要主体之一;二是农业科研院所和技术指导、推广机构,如农业科学院、水果技术指导站、蚕桑技术推广站等机构,这些单位通过发布研究成果、举办学术研讨会和开展技术推广,推动农业科技信息的传播与应用；三是农业行业组织，如农业学术团体、农业产业协会等，这些组织通过行业交流、信息共享、技术推广活动等开展传播活动。政府、科研院所和行业组织各司其职，通过线上与线下双线并行的方式推动农业科技信息的传播，形成了一定的覆盖面。

1. 线上传播：机构内设宣传部门主导。农业科技组织及相关部门依托自有的宣传机构，通过官方网站、微信、今日头条、抖音等新媒体平台开展线上传播活动。这类传播以展示单位科研成果、推广技术应用和宣传先进典型事迹为主要内容。

2. 线下传播：科技推广服务与实践。在科技助力乡村振兴和农业发展的背景下，政府部门、科研机构、行业协会等通过科技下乡、技术推广、技术指导等形式，在农业生产一线开展线下活动。

三、人际传播渠道

人际传播是指在社会生活中，个人与个人之间使用语言符号系统或者非语言符号系统承载某种意义进行信息传播与交流的活动，是传播者与受传者双向互动的交流行为和过程。人际传播的形式既包括面对面的直接传播，如交谈、现场指导等，也包括通过媒介进行的间接传播，如手机、电话、社交平台、书信等工具。通过对"桂糖 42 号"甘蔗推广实践的调研，发现人际传播在广西农业科技信息传播中发挥着重要作用，其主要传播主体包括农业科技专家、农业推广人员、村干部、种植大户、邻居及亲戚朋友等。具体表现为以下几个特点。

1. 主体身份的多重性与多样化并存，同质性与差异化交织。
在人际传播过程中，信息传播主体往往具有多重身份，形成复杂的
身份网络。例如，村支书既是村干部，又是种植大户，既承担了政
策执行和技术推广的职能，同时也是普通农技信息接收者和实践
者；邻居、亲戚、朋友的身份更为交叠、关系更为密切。此外，农
业科技专家在农业技术推广中往往兼具专家、讲师和农业推广人员
等身份，多重身份的融合使他们在不同传播场景中具有广泛的影响
力。这种身份的多样化导致传播主体同质性较高，但各类主体间的
差异依然显著，形成多个具有相似特征的"同质化主体集合"，从
而构建了不同层次、不同圈层的信息传播网络。

**2. 传播网络中水平扩散与垂直扩散并存，单一型与多重型意
见领袖交错。** 在人际传播的网络结构中，信息的扩散形式主要表现
为水平扩散和垂直扩散两种路径并存。在科技下乡和农业推广政策
的推动下，农业科技专家、推广人员深入农村一线，将农业科技知
识和种植技术进行面对面的传播和推广，形成了广泛的水平扩散网
络。在这一过程中，科技专家和推广人员作为特定技术领域的单一
型意见领袖，集中传播专业的农业技术知识。

与此同时，垂直扩散作为人际传播的重要方式，在农业科技推
广体系中发挥着关键作用。在技术知识从农业科技专家、推广人员
向基层村干部、种植大户再向普通农户层级传递的过程中，逐步形
成了垂直传播链条。在这一链条中，各层级传播主体的身份功能有
所区分，表现出单一型与多重型意见领袖交错存在。例如，村干部
和种植大户在垂直传播中不仅扮演农业技术信息的传递者角色，在

农户群体中也扮演着"多重型意见领袖"的角色，即针对不同传播议题（如技术推广、政策解读、生产管理经验等），都能发挥意见领袖的引导作用。

四、群体传播渠道

在我们的社会生活中，人总是要纳入和从属于某一社会群体，群体成员之间发生的信息传播行为就是群体传播，表现为一定数量的人按照一定的聚合方式，在一定的场所进行信息交流。群体传播中群体由共同的利益、观念、目标等因素相互联结，相互影响作用，关系较为紧密。

1. 临时性群体传播。临时性群体是因特定任务、作业或短期活动而形成的聚合群体，这类群体的存在具有较强的时效性和功能性。在完成特定任务的过程中，群体成员之间因分工合作产生信息交流需求，当特定任务完结后，信息交流频次会骤降甚至断流，但信息交换的即时性较强，能够快速实现技术要点的传递和问题反馈，尤其在技术应用现场更具实效性。

2. 稳定性群体传播。稳定性群体指由长期稳定的职业关系、地域关系或氏族血缘等因素联结而形成的群体，具有较强的稳定性和固定性，如单位职工群体、村镇居民群体等。他们之间的信息传播往往依托于日常生活、工作环境和社会关系网络，通过集体活动、村内会议、日常交谈等方式进行信息交流。这种群体传播的特点是关系紧密、传播频次较高，信息具有较强的信任度和可接受性，特别是在传统乡村社会中，依托乡土网络的稳定性传播能有效推动农业技术信息的普及。

3. 专业性与兴趣性群体传播。这种群体是由共同的专业技术背景、行业需求或兴趣爱好等形成的较为稳定的群体，通常表现为学术团体、行业协会、种植合作社等专业组织，通过举办学术会议、经验分享会、技术培训等形式，这些群体有效实现了农业科技信息的深度传播和交流，具有较强的专业性和针对性。

4. 社群传播。随着互联网技术的快速发展，社群传播已经成为当前社会生产生活的重要传播方式。各类线上社交群聊为农业科技信息传播提供了新的平台与渠道。通过调研发现，农业新品种新技术推广实践中涉及主要社交群聊类型有两种：一是生活类群聊。如"×村村民交流群""×单位生活交流群"等，这类群聊以日常生活信息交流为主，但在村民间也常常传递农业技术信息、市场行情、种植经验等内容，具有较强的互动性和便捷性。二是工作类群聊。如"×村甘蔗种植技术交流群""×科研信息交流群"等，这类群聊往往由技术专家、推广人员、种植大户及普通农户共同参与，主要用于农业技术推广、种植指导、病虫害防治等方面的信息交流，信息内容更加专业化、实用化。

五、平台媒体传播渠道

平台型媒体是"平台"和"媒体"的交集部分，是互联网科技平台和媒体的双向融合。平台媒体是通过互联网平台向公众提供新闻、信息和娱乐内容的一种媒体形式。传统媒体通常以报纸、广播和电视等媒介形式发布新闻，而平台媒体则利用互联网及其相关技术实现信息的传播和发布。互联网平台包括搜索引擎、社交媒体、新闻聚合网站等，这些平台媒体通过创建用户账号、分享内容、评论互动等方式吸引用户参与。

这种平台性的媒介不是单靠自己的力量做内容和传播，而是打造一个良性的开放式平台，平台上有各种规则、服务和平衡的力量，并且向所有的内容提供者、服务提供者开放。无论是机构还是个人，其各自独到的价值都能够在上面尽情地发挥。国外比较成功的平台媒体有 BuzzFeed、Facebook 等；国内有微信公众号、今日头条、抖音、快手、小红书、支付宝等。在平台媒体内部，各种应用、功能、服务、信息都被汇聚在一起，形成了一个多元化的服务平台。这种模式打破了传统媒体的封闭性，促进了内容的交流与整合，为用户提供了更加丰富和个性化的服务。

第四节　广西农业科技传播的效果

传播效果体现在认知、决策、行动三个层次，对其的测量是一个系统、动态的过程。本节选取广西崇左市、百色市等甘蔗主产区作为研究区域，通过实地调研与问卷调查的方式对产区农业推广人员、乡镇干部、蔗农进行观察，发现甘蔗种植户在面对不同传播主体和传播方式下的农业科技信息时，通常表现出截然不同的信息处理习惯，这些差异化的信息处理行为直接影响了传播效果的呈现。同时，每个传播渠道和信息来源的特性决定了种植户对信息的获取、评估及其最终决策的方式。现将广西农业科技传播的整体格局及效果总结如下。

一、有限效果：大众传播的线路中断

虽然广播和电视可以覆盖广泛的受众，但缺乏对具体种植问题的详细讲解，导致农民在面对实际问题时，更多依赖身边的专家或熟人提供信息，即大众传播渠道与农民的实际需求和信息获取习惯存在脱节，特别是在信息呈现形式和及时性方面。这一现象表明，单纯依赖大众传播渠道进行农业信息的传播并不能有效发挥其效果，而应通过人际传播和组织传播等渠道来弥补其不足。因此，尽管大众传播渠道在农业信息传播中仍然占有一席之地，但其效果受到传播线路中断和信息接受度的制约。

二、优势效果：组织传播的权威背书与广泛覆盖

组织传播通过精准的内容设计、动态化的传播形式以及权威背书，能够有效解决甘蔗种植户在技术采纳中的信任问题和实践问题。无论是通过线下的技术培训会和田间观摩，还是通过线上平台发布的技术视频和图文手册，组织传播都能以其专业性和规范性满足种植户对技术信息的深度需求。与人际传播的亲密性优势不同，

组织传播更注重其覆盖面的广度和信息的系统性。此外，组织传播常与人际传播形成互补关系。例如，在技术推广初期，组织传播的权威性和广泛性能够有效促进新技术的初步认知，而在人际传播的后续推动下，这些信息最终能够实现更广泛的采纳和应用，人际传播和组织传播在农村占主导地位。这种双向配合的模式，使得组织传播在农业技术推广中的地位不可替代。

三、潜力待发：缺少生存土壤的新媒体

新媒体虽然能够通过视频、图解等形式传递种植技术，但这类内容往往过于简化，缺乏针对种植户具体问题的深入解答。相较而言，传统的农业推广方式，尤其是农业专家、农技人员的现场指导，能够根据种植户的具体问题提供更为个性化和可操作性强的解决方案。因此，尽管新媒体在传播的速度和广度上具有显著优势，但在满足种植户对技术深入了解和实际操作的需求时，仍显示出一定的局限。综上所述，新媒体在农业技术推广中具有巨大的潜力，尤其是在信息传播的速度、覆盖面和互动性方面。然而，它在面对种植户的具体需求、权威背书和实践性指导时，仍显得不足。

第六章 | 广西农业科技传播的实践案例

第一节　以科研系统为主导的农业
科技传播实践

截至 2025 年，国内共有 31 个省级（含自治区、直辖市）农科院，其中陕西、山西两省农科院分别与当地农业大学合并，其功能与其他省级农科院有较大不同，其余 29 家省级农科院在农业科技信息传播平台建设上存在相似性：以文字、图片传播为主的官方网站和微信公众号开通率、信息量较高，以实物展示为主的线下实体展馆传播平台开设使用情况良好，但以视频传播为主的微信视频号、抖音号，开通率、信息数量、信息更新频率、粉丝量均偏低，以互动交流为主的线上综合信息平台开设非常少。对广西农业科学院而言，信息传播平台建设整体在全国处于相对落后的水平，主要平台有：官方网站、微信公众号、院科技成果展示馆，呈现特点为：平台类别单一，仅局限于图文类平台和实物类平台，缺乏新媒体传播平台；平台信息发布量整体较少，官方网站、微信公众号以及线下实物展馆信息量和更新频率均偏低。然而，新媒体时代，分众化、精准化的传播是大势所趋，广西农业科学院须做好以下五个方面，提升信息传播平台的精准度、差异度。

一是重视科普类信息传播与推广。习近平总书记指出，科技创新、科学普及是实现创新发展的两翼，要把科学普及放在与科技创新同等重要的位置，这一重要论断指出了科学普及在建设科技强国中的重要地位。新科普法的实施与修订，再一次强化了农业科研院所作为科普主体的地位。因此，应将科普作为科研工作全链条的重要环节，提高科普类信息传播比例，畅通农业科普类信息的传播平台，用科普工作推动科研创新发展。

二是提升传播人员专业能力。第一，提升农业科研人员的媒介素养、新闻素养，强化"新闻＋大农业"意识，丰富知识储备。加强跨媒体合作与交流，提高传播人员对新媒体技术工具运用能力。农业科研院所作为信息"富矿"，其科研成果时常被中央级、省部级等不同媒体平台报道，信息传播人员一方面应积极主动参与到媒体新闻采访、报道活动中，观察积累相关经验；另一方面可以让信息传播人员"走出去"到当地不同的媒体单位，如报社、电视台、网站等跟班学习，了解不同媒介的运营；此外，还可以培训班或合作等方式，将媒体记者"请进来"，针对传播人员的需求开展不定期培训。通过加强与不同媒介的专业记者交流，了解各类媒介平台的运作机制和传播规律，学习跨媒介编辑的技巧和方法，从而提升自己的媒介素养。第二，加强对信息传播人员的"新闻＋"立体意识培养，提高其信息判断力和整合力。农业科研信息传播人员除了日常在岗的"耳濡目染"式获取农业知识，还要主动关注农业科研前沿动态，了解本院科研进展，不断提高"新闻＋大农业"的立体意识，如"新闻＋植保""新闻＋种质资源""新闻＋栽培技术"等，为信息传播储备足够丰富的宏观背景知识。

三是整合人才资源与优化制度。第一，打造三级协作传播格局，整合人才资源，打造"院本级—研究所—课题组"三级协作式发展的院内信息传播格局。在人员方面，统筹院—所—课题三级信息传播人员，形成由课题组人员提供第一手资料，研究所进行"初加工"，院本级"再把关"的信息制作流程。同时，优化相关人才激励制度，例如将信息量列入绩效考核，为信息传播人员提供更多的职称晋升机会等，鼓励大家积极参与信息传播工作。第二，优化人才激励与协作制度，打破行政划分，畅通院内平台—大众媒体之间，院—所—课题三级之间，所—所、课题—课题之间的传播互动，保障院内各传播平台协作发展。各院内传播平台依然归属各研究所、课题组，人员编制依然在原有岗位，但平台的业务、人员接受院本级的业务指导和整体规划。

四是加强科普平台建设与品牌打造。第一，坚持"自有"与"合作"两类科普信息传播平台并行发展，注重平台的差异化传播和品牌建设。广西农业科研院所的信息传播平台目前主要是以各自为传播主体的自有平台，在注重自有平台的同时，还要借风使力，搭借媒体资源，合作打造具有农科特色的传播平台。抓住媒体对农业宣传的需求"东风"，共同合作打造相对固定的农业科技传播类节目或栏目。例如，甘肃省农科院与甘肃广播电视台合作电视栏目"话农点经"，以传播现代农业科技，讲述舌尖基因故事为主要内容，自 2022 年开播到 2024 年 10 月，已制作播出 50 多期节目，多角度高质量传播了甘肃省农科院的科技创新品种和技术，取得了良好的效果。第二，打造农业科技传播品牌。品牌传播策略，不仅能够树立农业科研院所良好的社会形象、提高知名度，还能够增强受众的忠诚度。2023 年，中国农科院在抖音等媒体平台搭建了"农科传媒"矩阵，广西打造的"广西好嘢"等传播品牌，在推动农业科普和产品销售方面发挥了极大作用。

五是关注受众反馈与素养提升。及时关注受众群体的科普信息接收和反馈，持续强化受众的媒介素养和科学素养。科普信息传播的本质是利用大众传播媒介，传递科学知识，达到提升公民科学素质的目的。持续加强受众群体的媒介素养和科学素养培训，不仅缩小了信息传播主体——科研人员与传播对象（农户、种植大户、农业企业）两者之间的知识鸿沟，也能为长远的信息传播打好受众基础。

农业信息的接收者大部分是农民，然而农民的科学素质在我国公民中处于低水平。针对农民群体科学素质较低的情况，农业科研院所一方面要充分利用科技下乡、技术培训、微信群等时机或平台，广泛向农民普及农业科技知识；另一方面要对不同地域的农民有针对性地普及最新的农业新品种及新技术知识，例如，在崇左、来宾等蔗糖主产区，开展现场观摩培训会，普及甘蔗脱毒健康种苗及组培快繁技术，在百色、贺州普及芒果、蔬菜等作物栽培技术等。新媒体和智慧农业的发展更加依赖新技术，它们的迅速发展与农民落后的媒介素养之间的矛盾，让很多农民在信息获取中出现"掉队"现象，在信息传播的同时也要帮助农民提高媒介素养。例如，在宣传农技推广的小程序、App 等新平台时，要同步配套普及平台的操作方法。

第二节　以高校系统为主导的农业 科技传播实践

广西高校以系统化思维构建农业科技传播体系，形成"产学研用"深度融合的创新生态。以农业教学科研示范基地作为核心载体，通过校地（企）合作将科研成果转化为现实生产力，科技下乡与人才培养双轮驱动实现技术落地与人才储备的良性互动，采用科技小院模式将实验室搬到田间地头，建立"零距离"服务机制，深化国际合作，构建面向东盟的农业科技交流平台。即示范基地作为技术源头，校企合作打通转化通道，科技特派员架设传播桥梁，教育培训夯实人才基础，科技小院实现精准服务，国际合作提升传播能级，六位一体的传播矩阵环环相扣，既体现高校社会服务职能的深度履行，也彰显农业科技传播从单一技术推广向全产业链服务的转型升级。

一、农业教学科研示范基地

广西高校极为重视农业教学科研示范基地的建设，始终高度关注农业科技推广工作。各校充分发挥自身的科教优势，积极探索农业科技推广路径，为人才培养搭建平台，为科研积累试验资料，为农业生产展示最新成果，引领并支撑区域产业的持续发展。广西大学在南宁市及周边地区设立了多个农业教学科研示范基地，覆盖农作物种植、畜牧养殖以及现代农业技术等多个领域。这些示范基地在推动农业科技成果转化方面发挥了关键作用。农业教学科研示范基地在建设与发展进程中，将科技成果的研制者、推广传播者、生产经营者以及接纳使用者连接起来，实现有机互动，形成农科教、产学研紧密结合的有效模式，有力地推动了农业科技的进步。例如，广西大学农业高科技研究示范基地充分利用广西丰富的动植物资源优势，促进了农业增效与农民增收。同时，作为广西唯一一所拥有农业学科的"211工程"大学和省部共建高校，广西大学也致力于通过农业科学研究服务地方经济建设和社会发展。

二、校地（企）合作

广西高校在校地（企）合作方面不断创新，探索出多种合作形式和模式。主要合作形式包括合作建立产业学院、共建实习实践基地、科研项目合作以及人才培养合作等。例如，广西大学与多家龙头企业和地方政府合作，建立了多个产学研合作基地，进行农业科技的研发和推广。通过这些合作，广西高校取得了显著的成效。校企合作提升了高校的科研能力和教学水平，促进了科技成果的转化和应用。通过与企业合作，高校研发出一系列高效农业技术，并在企业的支持下快速推广。此外，合作提高了学生的实践能力和就业竞争力。学生在企业的实习中，积累了丰富的实践经验，为毕业后的就业打下了坚实基础。同时，合作还有力推动了地方经济的发展。

三、科技下乡

科技特派员制度是实施创新驱动发展战略在科技应用方面的一项重要制度创新，是我国为了推动农业科技成果在农村地区的转化和应用而实施的一项重要制度。该制度选派科技人员深入农村，直接服务于农民和农业生产，帮助解决生产中的技术难题，提高农业生产效率。广西作为农业大省区，高度重视科技特派员制度的实施。广西高校通过选派科研人员和专家下乡，为农村提供科技支持。

近年来，广西高校积极响应国家科技特派员政策，选派了大量的专家学者深入农村一线。据统计，广西已有多所高校参与了科技特派员计划，选派了数百名科技特派员。这些特派员在农业技术推广、病虫害防治、新品种引进等方面提供了专业的技术支持，显著提高了当地农民的科技素质和生产能力。例如，广西大学和广西农业职业技术大学在多个县市开展了技术培训和指导，帮助农民掌握现代农业技术。在广西柳州市，广西大学选派的科技特派员通过推广绿色防控技术，有效减少了农药的使用，提升了农产品的安全性和市场竞争力。这一项目不仅提高了农民的收入，还对当地生态环境保护起到了积极作用。

四、人才培养与教育培训

广西高校在农业科技人才培养方面开设了丰富多样的课程。例如，广西大学和广西农业职业技术大学等高校根据地方农业需求，设置了农学、植物保护、动物科学、现代畜牧、农业资源与环境、农业机械化等专业课程。这些课程注重理论与实践相结合，学生不仅在课堂上学习农业知识，还能在实验室和田间地头进行实际操作，从而掌握先进的农业技术。

广西高校还通过举办农民培训班，提高农民的科技素质和生产技能。例如，广西大学在全区范围内开展了多个农业技术培训项目，内容涵盖水稻高产栽培技术、病虫害防治技术、现代农业管理等。广西农业职业技术大学则定期举办实用技术培训班，帮助农民掌握先进的种植和养殖技术。

通过系统的教育培训，广西农民的科技素质和生产能力得到了显著提升。据统计，经过培训的农民，农业生产效率普遍提高，收入显著增加。这些培训项目不仅促进了农业科技成果的推广应用，还推动了农村经济的发展，为广西农业现代化做出了重要贡献。

五、科技小院

科技小院是一种创新性的农业科技服务模式。高校将科技资源直接引入农村农业生产一线，助力农业基层人员解决生产过程中的技术难题，推动农业现代化进程以及乡村振兴。通过安排农业专业的研究生和导师长期驻守农村一线，科技小院不仅提供技术支持，还开展现场示范与培训工作。目前，广西已设立多个科技小院，广泛覆盖各类农业产业和区域。这些小院不仅在农业技术推广方面成效显著，还在人才培养、科技创新和社会服务等方面发挥了重要作用。截至 2023 年，全国已有超 1 800 个科技小院，广西的多个小院在农业绿色发展和现代农业技术推广方面表现出色。

广西大学各科技小院把知农爱农教育贯穿于人才培养全过程。2022 年全年共 85 名在校研究生入驻科技小院累计 3 848 天。在长期扎根一线的培养过程中，学生深切体悟到"三农"工作的艰辛，以及乡村振兴的紧迫感与使命感，从而坚定了投身"三农"事业的信心和决心。例如，广西扶绥坚果科技小院建立了 400 亩澳洲坚果矮化密植栽培示范区，通过全面推广薛氏滴灌技术（水肥药一体化管道输液滴灌技术），有效解决大水漫灌、肥料撒施和喷药杀死天敌、农药漂移量大，速衰病、蛀果螟严重等问题。广西扶绥坚果科技小院获评 2021 年中国农技协"全国十佳科技小院"和 2022 年中国农技协"最美科技小院"，依托单位被认定为中国农技协科普教育基地。广西大学为践行高校责任担当，以科技小院建设为抓手，师生团队常驻一线，围绕广西优势特色农业生产发展关键问题开展技术攻关与人才培养，打通科技教育助农"最后一公里"，为广西现代农业科技创新与转型升级贡献了高校力量。

六、国际合作与交流

广西高校积极开展与东盟国家的合作，特别是在农业科技领域。广西大学与泰国、越南、马来西亚等东盟国家的多所高校和科研机构建立了合作关系，通过联合科研、师生交流等方式，促进农业科技的共同发展。例如，广西大学与泰国的农业大学共同开展了水稻种植技术的研究与推广项目。广西农业职业技术大学抓住中国—东盟合作和"一带一路"建设的机遇，与东盟国家在学生留学派遣、农业科技交流、人员互访培训等多个领域开展合作。广西高校积极派遣师生赴东盟国家进行学术访问和交流，学习和借鉴先进的农业技术和管理经验。

通过与东盟国家的合作与交流，广西高校在农业科技领域取得了显著成效。这不仅提升了广西高校的科研水平和国际影响力，也为东盟国家的农业发展提供了技术支持和经验借鉴。合作项目的成功实施，促进了农业科技的进步和应用，推动了区域农业的共同发展。

第三节　以推广系统为主导的农业科技传播实践

农业推广是指通过试验、示范、培训、指导以及咨询服务等途径，将农业新成果、新技术、新知识等普及应用于农业生产的产前、产中、产后全过程，从而提高农业生产效益与农民收入的活动。农业推广有助于促进农业科技成果的转化，提升农业生产效率与质量，助力农民增收致富；有助于推动农业产业结构的调整与优化，促进农业的可持续发展；还有助于加强农民与科研机构、政府部门等之间的联系与沟通，形成良好的互动机制，共同推动农业发展。农民可借助农业推广，更好地了解和掌握先进的农业技术与管理方法，改进种植、养殖等生产方式，提高农产品的产量与品质。

在农业科技传播途径方面，广西坚持以技术推广为主导，构建新的传播体系，加速推进农业科技创新成果的落地应用。

一、深化体系改革，促进农技公益性职能有效履行

广西坚持深化基层农技推广体系改革，强化机构建设，完善服务手段，提升基层农技推广机构服务能力，充分履行公益性职能。同时，建立公益性推广与经营性服务融合发展机制，支持农技人员

进入家庭农场、合作社、农业企业，提供技术增值服务并合理取酬。一是深化职称制度改革，建立健全职称评聘倾斜艰苦边远地区和基层的导向机制。对大化、都安、隆林等 8 个挂牌脱贫攻坚督战县的专业技术人员（含县城所在地及驻县企事业单位人员）申报职称实行"定向评价、定向使用"评审政策，不受评审通过率限制。二是对乡镇农业技术推广人员实行评聘结合的政策，凡是通过中级、副高级或正高级职称评审的，可不受岗位结构比例限制，当年立即聘用，享受相应的工资待遇。三是优化农业技术推广机构岗位结构设置政策，相应提高高级技术人员岗位比例，为高级职称技术的聘用创造条件。其中，将自治区农技推广类事业单位高级岗位比例由原来的 38% 提高至 40%，正高级岗位由 12% 提高至 14%。对县（市、区）属编制在 10 人以下的事业单位，专业技术高级岗位比例可在现有岗位结构比例的基础上提高 10 个百分点，并相应降低专业技术中级或初级岗位比例。四是建立乡镇农技人员定向培养工作制度。2020 年以来，广西已累计招录乡镇农技人员定向生 566 人，其中本科生 184 人、专科生 382 人，为基层培养储备了一批专业技术人才。其中，2023 年首届 186 名乡镇农技人员定向培养毕业生已完成入编上岗。

二、加强合作交流，推进产学研有机衔接

近年来，广西坚持以提升现代特色农业发展质量为导向，以经营主体需求为目标，以农技推广项目为载体，整合农科教企多

方力量，形成大协作、大交流、大推广的农科教企协同推广机制体制。围绕粮食、油料、桑蚕、水果等产业发展，深入探索跨单位、跨层级、跨领域的新型协同推广模式，推动产学研深度融合发展、农业科技成果快速转化落地应用，创建以科研院所、推广单位、创新团队为基础的大协作机制，营造以各级培训班、现场交流会、各类观摩会为主的大交流氛围，形成了以科研单位、创新团队为技术依托，以各级推广机构、示范基地、示范户为主体，线上线下互相补充的大推广机制。广西依托中国农业大学、华南农业大学等科研平台，在30多个县（市、区）实施香软型优质三系杂交水稻壮香优系列新品种选育与应用、一年三造粮绿色高效技术集成与运用、青饲玉米试验示范、"桂花1026"等花生新品种及配套高产栽培技术示范推广等项目，其中机插水稻农机农艺融合技术研究与应用荣获2019—2021年度全国农牧渔业丰收奖三等奖。广西与越南、老挝、柬埔寨、缅甸等东盟国家在农业科技领域开展了广泛合作，建立了多个境外示范基地和研发中心，推动了"桂字号"农科成果在东盟国家的应用和推广。广西农业科学院与柬埔寨皇家农业大学、龙美达农业公司合作，在柬埔寨推广广西农业科学院自主选育的香蕉品种约3 000万株，种植面积20万亩，并建成6 300亩高标准香蕉种植示范园、年产1 000万株香蕉组培苗厂和日包装10 000件的包装厂。

三、创新示范建设，提升农技服务效能

广西立足本区各县（区）粮果蔬等特色，创新性地以基层农技推广补助项目为支撑，建设容县农业技术推广站等一批农技推广示范站，2021—2023 年共建设种植业示范站 44 个，开展示范推广新品种新技术 402 个（项），作物示范推广面积 120 多万亩，家畜示范推广达 250 多万头，肉鸡示范推广 23 910 多万羽，水产示范推广 8 500 多吨，通过示范站的标杆示范作用，引领周边农技推广机构提升服务效能。贺州市平桂区羊头镇通过组织农技人员到示范站及示范站服务的基地进行观摩学习、总结经验，以走访摸底、个人自荐、群众举荐、村党组织推荐的方式，盘活全镇人才资源，就地取"才"，建立人才超市，将 150 多名人才纳入人才超市库中。2024 年以来，群众通过人才超市解决各类困难和问题 56 个，人才超市建设好评如潮。

四、建设创新平台，提升农技推广质量

广西始终把农业科技创新平台建设作为加强农业科技创新能力、支持农业产业链发展、推动区域科创中心建设的主引擎、主抓手，成功争取到亚热带果品蔬菜质量安全控制重点实验室等国家级创新平台建设项目，完成国家农业环境南宁观测实验站等 3 个创新平台验收，与中国农业大学合作在自治区蚕业站、土肥站、水牛研

究所、广西特色作物研究院共建 4 个教授工作站，累计自主布局建设农业领域广西重点实验室 23 家、工程技术研究中心 53 家，创建 6 家国家农业科技园区，实现全区 14 个地市农业科技园区和星创天地建设的全覆盖。推动水稻"野香优莉丝""昌两优 8 号"入选农业农村部 2023 年农业主导品种，"水牛乳加工与标准化关键技术"入选主推技术成果。结合主体需求，大力开展食用菌新品种引进、试验、筛选、示范、推广，不断优化品种结构，全区共开展包括黑木耳"桂云 3 号"、毛木耳"白背 193""黄耳 10 号"、香菇"野香 7 号""桂香 42 号"、红托竹荪等在内的近 30 个食用菌品种示范推广，开展稻菇轮作、林下仿野生、间套种、工厂化生产等先进技术示范 1 768.4 万平方米。

五、拓展传播途径，扩大农技宣传覆盖面

与我国农业科技创新速度相比，我国农技普及存在部门间协调机制不足、投入不够、科普平台功能拓展不足和成熟技术较少、传播形式与大众需求存在距离等问题。广西坚持通过教育培训、平台搭建、媒体宣传等方式，积极拓展农技宣传途径。一是开展培训提升农民素质。通过组织面对面的培训课程、讲座和现场示范，邀请专家或经验丰富的农技人员进行讲解和操作演示等方式，帮助农民更好地理解和掌握新技术；深入实施广西现代青年农场主、农业经理人培养和高素质农民培训计划，利用区外优质资源，在中央农广校、上海交大、华南农大等区外机构举办农技培训班，切实提升农

民素质。二是搭建平台展示技术成果。积极搭建技术展示平台，促进交流学习，进一步扩大宣传范围。支持农业技术人员参加各种技能比赛、创业大赛、发展论坛等，拓宽视野。推动成立广西现代青年农场主和农业经理人联合会，通过组织青年农场主参加乡村振兴论坛、组织农业企业参展特优农产品交易会等，拓展农业技术人才的交流途径。三是强化宣传营造浓厚氛围。利用电视、广播、报纸、杂志、网站、社交媒体等多种媒体渠道广泛宣传农业技术信息和成果，制作生动有趣、通俗易懂的农技宣传资料，如视频、图片、漫画等，吸引农民关注。2023 年，通过各种媒体累计发表农技类宣传报道近 800 篇，在农技宣传方面取得了实实在在的效果。

第四节　以科协系统为主导的农业科技传播实践

科协系统作为科技工作者的群众组织，在农业科技传播领域起着至关重要的作用。长期以来，科协系统依托其广泛的组织网络、丰富的人才储备以及强大的社会影响力，积极参与农业科技传播实践。它组织农业科技培训活动，邀请专家学者向农民传授实用的农业技术知识；开展科普宣传工作，通过举办科普展览、发放科普资料等方式，向农民普及科学种植、养殖等方面的知识；推动农业科技成果转化，助力农业企业和农户将先进的科技成果应用于实际生产。在促进农业科技与农业生产紧密结合方面，科协系统发挥了不可替代的作用。

从实践层面来看，深入分析科协系统的农业科技传播实践，能为解决当前农业科技传播中存在的问题提供有效的思路与方法。此外，研究科协系统的农业科技传播实践，还能为其他相关组织和机构开展农业科技传播工作提供有益参考，推动农业科技传播工作在更广泛范围内更高效地开展，为我国农业现代化发展注入强大动力。

一、利用系统网络优势，迅速打开传播局面，提升传播速率

科协系统拥有遍布城乡的组织网络，这是其在农业科技传播中具有的显著优势之一。从国家层面到省、市、县、乡，乃至村一级，科协组织层层覆盖，形成了一个严密且广泛的组织体系。在省级层面，省级科协能够整合全省的科技资源，协调各方面的力量，制定全省性的农业科技传播战略和计划。例如，省科协可以联合省内多所农业高校和科研机构，组织开展全省范围内的农业科技下乡活动，将先进的农业科技知识和技术传播到各个地区。

市级科协则在区域内发挥着承上启下的关键作用。一方面，它积极落实省级科协的工作部署，将省级农业科技传播项目和活动在本地区进行具体实施；另一方面，它又深入了解本地区的农业产业特色和农民需求，有针对性地开展农业科技传播工作。

县级科协和乡镇科协直接面向广大农民，贴近农业生产一线。它们能够及时了解农民在生产中遇到的实际问题，并迅速反馈给上级科协组织，以寻求解决方案。同时，县级和乡镇科协还通过建立科普示范基地、农村专业技术协会等形式，将农民组织起来，开展农业科技培训与推广活动。例如，广西农技协联合广西科协科普部等，组织开展"学雷锋助春耕"科技志愿服务联合活动，广西各市、县科协及农技协等积极响应，如联合苍梧县科协为农户开展砂糖橘种植技术等培训；联合钦州市灵山县科协开展水稻高工效技术培训；玉林市科协组织现场观摩水稻智能播种机播种等活动。这种广泛的组织网络使科协系统能够迅速、准确地将农业科技信息传递到农村的各个角落，实现对广大农民的全面覆盖。

二、依托人才资源优势，输出优质传播内容，传播科学知识，解决现实生产问题

科协系统汇聚了各类科技人才，为农业科技传播提供了强大的专业支撑。在农业科研领域，众多农业科学家和技术专家在作物栽培、育种、植保、土壤、肥料等方面拥有深厚的专业知识和丰富的实践经验。这些专家能够为农业科技传播提供前沿的科技知识和先进的技术成果。例如，在农作物新品种培育方面，农业科研专家通过持续地研究与试验，培育出高产、优质、抗病虫害的新品种，并将这些新品种的种植技术传授给农民。

在农业技术推广领域，大量农技推广人员长期活跃在农村一线，熟悉农业生产实际情况，能够将科研成果转化为实际生产力。农技推广人员通过举办培训班、现场指导等方式，把农业新技术、新方法传授给农民，并帮助农民解决生产中遇到的技术问题。比如，在推广新型农业机械时，农技推广人员不仅向农民介绍机械的性能和使用方法，还亲自到田间地头进行示范操作，指导农民正确使用机械。

此外，科协系统还通过与高校、科研机构合作，吸引了一大批高校师生和科研人员参与到农业科技传播中来。高校师生具备扎实的理论基础和创新思维，能够为农业科技传播带来新的理念和方法。科研人员则在各自的研究领域有深入的研究成果，能够为农业科技传播提供专业的技术支持。例如，南宁市科协组织开展"百名专家进百村（社区）科普服务"活动。2023年以来，通过与各县（市、区）两级科协联动，组织种养专家到田间地头开展科普活动。曾邀请10位广西科学传播专家库入库专家，前往江南区江西镇的种植基地，为50多名种植户等进行水果蔬菜病虫害防治技术培训，解答种植疑难问题。截至2023年12月，已开展115场活动，科普和服务群众达10 561人次，深入农村为农民提供农业科技咨询和服务。

这些丰富的人才资源让科协系统在农业科技传播中能够提供全方位、多层次的服务。无论是农业科技知识的普及，还是农业技术的推广应用，都能得到专业人才的有力支持。而且，科协系统还通过开展人才培训和交流活动，不断提升人才队伍的素质和能力，为农业科技传播提供持续的人才保障。

三、传播模式多元，传播场景多样，服务主体范围广

1. 培训讲座模式。培训讲座模式是科协系统开展农业科技传播的一种基础且关键的方式。通过组织农业领域的专家、学者以及经验丰富的农技人员，以课堂讲授、现场示范等形式，向农民传授农业科技知识和实用技术。这种模式能够在相对集中的时间和空间内，将系统的农业科技信息传递给大量农民，具有传播效率高、信息量大的特点。同时，培训讲座可依据不同地区的农业产业特色和农民的实际需求，有针对性地设置课程内容，让农民能够学到与自身生产密切相关的知识和技术。在培训讲座过程中，还能借助互动交流环节，及时解答农民在生产中遇到的问题，提升农民对科技知识的理解和应用能力。

2. 科技小院模式。科技小院模式是一种将农业科研与生产实践紧密结合的创新模式，它将农业科研人员、高校师生等与农业生产一线紧密联系起来，在解决农业生产实际问题的同时，培养农业科技人才。这种模式以其"零距离、零门槛、零时差"的特点，实现了农业科技与农业生产的无缝对接。通过在农村建立科研基地，让科研人员长期驻扎在农村，深入了解农业生产中的问题，及时提供解决方案，有效提高了农业科技成果的转化率和应用率。

3. 新媒体传播模式。新媒体传播模式是指借助新兴媒介进行科学知识普及、科技信息传播以及品种技术推广的方式，常见的有

视频号、公众号传播等。其中，微信公众号"广西科协"已成为传播农业科技知识与信息的重要平台。在内容方面，"广西科协"公众号紧密围绕当地农业发展需求，发布了大量实用的农业科技文章。同时，该公众号还会及时推送农业政策解读文章，使民众了解国家和地方政府针对农业的支持政策，如农业补贴政策、农业保险政策等，助力农民更有效地利用政策资源，推动农业生产发展。

除微信公众号外，广西科协还借助短视频平台传播农业科技知识，制作了一系列涵盖农业生产各环节的农业科技短视频。

第七章 广西农业科技传播的对策建议

第一节 广西农业科技传播的战略导向

一、聚焦农业强区建设和乡村振兴的战略衔接

不同时代的农业科技传播有不同的时代任务，随着"三农"问题越发受到重视，结合农业发展在我国社会主义现代化建设中处于基础和核心地位，农业科技传播也应与时俱进，反映时代的要求和中国特色。

聚焦农业强区建设和乡村振兴的要求，农业科技传播首先应以广西特色农业为基础，充分依托丰富的林果、蔬菜、畜牧和糖业等特色资源，按照全产业链开发、全价值链提升的战略思维，因地制宜致力于构建并推广一批自治区级优势特色产业集群；其次，要从根本上推进乡村振兴，就是要促进生产技能硬实力和农民素质素养软实力共同提升，加快农业科技传播人才队伍的培养和提质，为农

业发展注入源源不断的活力；再次，在"绿水青山就是金山银山"的发展理念下，不论是农业强区建设还是乡村振兴，其内在要求都包含着农村的可持续绿色发展，农业科技传播不仅要推广传播先进生产技术和理念，更要包含最根本的"可持续发展"理念，将生态文明与可持续发展贯彻到底；最后，农业强区建设和乡村振兴的共同目标是推进新型城镇化，推动城乡统筹发展，建设宜居宜业和美乡村，从而巩固拓展脱贫攻坚成果，最终促进农业农村现代化和社会主义现代化，农业科技传播要承担起免费教育农民的责任，切实提高农民的素质素养，改造乡村文化、经济等产业结构，缩小农村和城镇的"知识鸿沟"，对农村环境、经济等进行整体改造升级，从而减小城乡差距，促进现代化农业农村的形成。

农业优先发展的时代要求，为新阶段农业科技传播指明了时代任务和工作方向。在"十四五"迎来收官、"十五五"即将开启之际，广西农业科技传播更要聚焦农业强国、农业农村现代化和乡村全面振兴等发展战略的实施，充分发挥其多功能作用，为农业高质量发展注入源源不断的创新力和生命力，进而促进农业产业升级以及与经济社会其他领域的融合发展。

二、聚焦推进农业科技传播多元系统的资源整合

农业科技传播工作涉及多种传播渠道、多个传播主体、关联带动多种产业，它是一个包含多个相互关联的子系统和要素的多元系

统，对农业科技传播进行多渠道、多层次的整合，能推动实现高效的农业科技传播。农业科技传播有两条主线，一条是以媒体开展的信息传播活动为代表，另一条则主要依托原有的农业推广体系进行，两条线存在矛盾。由于媒体所具有的公益性和大众性特点，其工作内容决定了其对农业农村农民情况的认知程度，不及推广体系中各组织和人员的认知程度深，缺少对农业农村农民实际情况的考察和认知。各媒体主体往往充分灵活运用传统媒体渠道和新媒体渠道进行农业科技传播活动，但推广体系则维持着较为传统的面对面传播方式或官方网站信息传达方式，致使各传播渠道功能未得到有效发挥。因此，推进农业科技传播多元系统的资源整合须从以下两方面入手。

一要聚焦农业科技传播内部系统的整合。首先应聚焦农业科技传播渠道的整合，在新媒体大行其道的背景下，要促进线上渠道的整合，即促进农业科技网站、移动应用程序等专业平台，以电视、广播、报纸为代表的传统媒体和微信、微博、抖音等新媒体平台的整合，形成多渠道、多层次的传播体系，覆盖不同年龄层和信息获取习惯的用户。要推进线上与线下渠道的整合，契合文化教育程度不一和传播方式偏好各异的用户需求，同时这也是打通农业科技传播"最后一公里"的重要内容和任务。换个角度看，渠道的整合即信息与数据资源的整合，要在科研机构、农业企业、政府部门和农民之间建立高效的信息共享机制，确保各方能够及时获取最新的农业科技信息和市场动态，促进主体间异质信息的流通，以此推动科技成果的快速转化和应用。同时，要有效缩短科技成果转化的时间，还应着力推进科研与传播推广系统的整合。农业科研院所和高校作为科研机构提供最新的科研成果和技术支持，推广机构则是与农民直接沟通的平台，建立科研机构与农户直接沟通的平台，将各地农业推广整合为一个网络体系，利用信息技术实现资源和信息的共享，重新勾连起现实中断裂的农业科技研发、推广、应用三方。

二要注重农业科技传播外部力量的整合。农业科技传播多元系统的整合不仅在于内部系统的整合，更要善于运用外部力量，对外部力量进行整合，充分发挥其作用。一是进行政府和市场的整合，政府提供政策、补贴和奖励机制，协调科研机构、企业和农户之间的合作，形成合力推动农业科技传播，市场通过技术支持、推广和社会服务，扩大科技知识和信息的传播影响，即在大框架的背景下充分激发农业科技传播的活力。二是国际合作和资源系统的整合，将"走出去"和"引进来"的理论指导应用到农业科技传播领域，与国外企业开展科技合作，联合研发或引入先进技术和管理经验，结合我国实际进行本土化改进和推广。农业科技传播多元系统的资源整合是一个多维度、全方位、深层次的过程，不仅是内部多元系统的整合，更是内外联动的协同整合，通过多元系统的资源整合，农业科技传播可以更加高效和精准，助力农业现代化发展。

三、聚焦打通农业科技传播的"最后一公里"

农业科技传播在科技服务农业强国建设中扮演着至关重要的角色。科技驱动农业强国既要看到科技的专业性，也要看到科技的实践性；既要着眼于世界前沿技术和基础研究，增强我国科技发展的层次性、高质性和自主性，争取在世界农业科技前沿领域的话语权，又要确保这些先进的科技成果能够深入农村地区，被农民所掌握和应用。作为连接科技与经济、理论与实践的桥梁，农业科技传播是将前沿农业科技成果转化为实际生产力的关键环节，它不仅能够促进农村经济的高质量发展，还能确保农民真正受益，提高自身素质、学到实用技术，成为现代化农民，提升农业生产效率。

而在我国农业科技传播领域，存在着阻碍"最后一公里"畅通的诸多问题：农业科技传播依托原有农业推广体系进行工作，导致长期陷在"网破、线断、人散"的困境中，推广网络的不健全导致农业科技信息难以顺畅传递至基层农户，推广链条的断裂使得科技成果无法顺利转化为生产力，而推广人员的分散则削弱了服务的集中性和效率。此外，投入不足、激励机制的缺失以及推广人员能力有限也使得农业科技传播在关键的"最后一公里"上缺乏动力，严重阻碍了农业科技在农村经济中的普及和应用。因此，加强以往被忽视或置于非主要地位的农业科技传播的"最后一公里"是科技驱动农业强国建设的重要一环。

我国农业科技传播主要有两条线，一条以媒体端为主导，即意识形态领域，另一条则依赖以往的农业技术推广体系，即行动落实领域。须针对不同线条精准打通"最后一公里"。

一是媒体端：以精准传播弥补短板，强化县级融媒体桥梁作用。媒体端的"最后一公里"，核心是弥补大众媒体缺失的精准传播，在大众媒体和农民之间搭建沟通的桥梁。具体而言，要加强县级融媒体的建设，促进县级融媒体与大众媒体的对接。县级融媒体作为地方信息的传播中心，具有天然的地理和人文优势，更能贴近基层、贴近农民。它们对当地情况的深入了解和对自身定位的精准把握，使得传播内容、方式和对象更具针对性和实效性。在构建"国家—省（区）—市—县"四级传播体系的过程中，县级融媒体扮演着不可或缺的桥梁角色，能够有效连接大众传播与农业生产一线，确保农业科技信息以更直接、更快速的方式到达最终用户——农民手中，从而推动农业科技信息的广泛传播和有效应用。

二是推广体系：搭建对话桥梁，实现话语体系转化与统一。推广体系的"最后一公里"，本质是在研发人员等专业人士和农民之间架起对话沟通的桥梁，实现话语体系的转化和统一。以农业推广站、本村意见领袖等人群作为代表，其自身能力与工作性质决定了其发挥农业科技传播"中转站"的作用——将专业性高或扩散不易的科技知识和技术进行转化，并针对性地传达到农民端。例如科技小院模式，邀请科技人员进驻农村第一线，走进田间地头，与广大农民面对面地展开培训、交流与答疑，便是这一逻辑的生动实践。总之，农业科技传播的"最后一公里"在农业现代化和农业强国建设中居于重要地位，需要政府、科研机构、高校、农业社会化服务组织等多方共同努力，秉持"基层为先""农民为主"的理念，构建完善的农业科技传播体系，加强基层农业科技传播队伍建设，尤其要弥补基层传播链条的断裂和不足，才能使农业科技传播形成有效的开环传播结构，确保信息的流通和反馈通达，从而形成良性的传播循环，助力加快农业强国建设。

第二节　广西农业科技传播的重点任务

一、优化传播内容

将复杂的农业科技知识转化为通俗易懂的传播内容，是提高广西农业科技传播效果的关键环节之一。在信息爆炸的时代，用户们面临着海量的信息，如何让他们快速、准确地获取并理解农业科技知识，降低科技用户理解和应用农业科技知识的难度，提高农业科技的传播效率和应用效果，成为农业科技传播面临的重要挑战。

（一）传播内容定制化：根据区域、产业、主体差异调整和制定传播内容

一是根据地区特点进行定制，重点围绕地域特色产业提供技术支持，以满足不同地区农业企业及农户的实际科技需求。广西地域广阔，不同地区的自然条件、农业产业结构和发展水平存在显著差异，针对桂南地区气候温暖湿润、光照充足等特点，提供适合发展热带、亚热带水果种植和冬季蔬菜种植等特色农业产业发展的技术指导。针对桂北地区以水稻、柑橘等种植为主，同时养殖业也有一定规模的特点，提供品种优化、绿色防控、循环养殖等全链条、集成化的科技支持体系。针对桂西地区地形以山区为主，耕地分散，农业生产条件相对较差，但具有丰富的自然资源和独特的生态环境

的特点，提供发展特色林业、中药材种植和生态养殖等产业的技术服务。

二是根据种植业、养殖业、农产品加工业等不同产业类型，提供精准的科技信息，以促进各产业的高效发展。在种植业与养殖业方面，针对不同的农作物和畜禽种类，传播内容围绕生产养殖的各个环节展开，涵盖全过程的关键技术。在农产品加工科技传播中，应根据不同的农产品类型和加工方式，提供相应的技术信息。如对于水果加工，传播内容可包括水果保鲜与贮藏技术，介绍气调保鲜、冷链保鲜等先进的保鲜技术；在肉类加工方面，传播内容可涵盖肉类屠宰与分割技术，介绍先进的屠宰工艺和分割方法，提高肉类产品的质量和安全性。

三是根据受众群体特征个性化定制内容，以提高传播效果。受众的年龄、文化程度、收入水平等群体差异，决定了他们对农业科技信息的接受能力和需求偏好不同。以农业行业从业者来说，具有较高的文化程度和较强的学习能力的从业者，对新事物的接受度较高，更关注农业科技的前沿动态和创新技术。传播内容可侧重于智能化农业技术的介绍，如无人机植保、智能灌溉系统、农业大数据应用等，激发他们对现代农业的兴趣和热情；还可以推广农业电商和农产品营销新模式，帮助他们利用互联网平台拓展农产品销售渠道，提高农产品的市场竞争力。而对于中老年农户而言，传播内容应注重现实实用性，围绕他们所从事的农业产业，提供详细的种植、养殖技术指导，如病虫害防治的具体方法、施肥灌溉的最佳时机等；还可以推广农业生产管理知识，包括成本核算、风险管理、农产品质量控制等，帮助他们提高农业生产的经济效益和管理水平。

（二）传播内容实用化：通过案例提高传播内容的实用性

通过实际案例分析，能够将抽象的农业科技知识转化为具体的、可操作的实践经验，帮助受众更好地理解和应用科技知识。以测土配方施肥技术为例，这一技术涉及土壤检测、养分分析、配方制定等复杂的过程和专业知识，如果只是单纯地讲解理论，用户可能难以理解其原理和操作方法。可以展示某农户采用测土配方施肥技术的案例，详细介绍该农户在专业技术人员的指导下，首先对土壤进行采样检测，了解土壤中各种养分的含量，然后根据检测结果和种植作物的需求，制定个性化的施肥配方，按照配方进行施肥。通过这样的案例，农民能清晰了解测土配方施肥技术的操作步骤和实际效果，更易理解其原理和优势，进而借鉴经验应用于自家农田。

案例法让农民直观地感受到应用农业科技的好处、让他们对应用农业科技的成果有清晰的认识，在一定程度上激发农业企业和农户应用科技成果的积极性；同时，案例也为农业企业和农户提供了学习和模仿的榜样，使他们对使用新品种新技术有了参考和依据，从而增强他们应用科技的信心。

（三）传播内容故事化：通过故事增强传播内容的感染性

一是讲人物故事，讲述农业科技专家、致富带头人的故事。农业科技专家们凭借在科研道路上的不懈探索和创新精神，为农业科技的发展作出了巨大贡献。一方面，他们的故事能够让受众了解到农业科技的研发过程和背后的艰辛，让受众明白专家也是平凡而努力的普通人，从而拉近专家与传播受众的心理距离，减小科技传播推广的阻力；另一方面，可以让农民了解到当前农业技术的创新和进步情况，同时了解科技对农业生产的重要推动作用，让农民感受到科技的力量和魅力。致富带头人则是农业科技应用的成功典范，他们通过运用农业科技，实现了增产增收，改善了生活条件。他们的故事具有很强的示范带动作用，能够让农民看到农业科技带来的实际效益，增强农民对农业科技的信任和应用意愿，引导更多的农民应用农业科技，走上致富之路。

二是讲农业科技应用故事，讲农民应用农业科技实现增产增收、改善生活的真实故事。如在广西的甘蔗种植区，一位蔗农过去一直采用传统的种植方法，甘蔗产量低，经济效益不佳。后来，他参加了当地农业部门组织的甘蔗种植技术培训，学习了先进的种植技术，如深耕深松、合理密植、精准施肥等。他将这些技术应用到自己的甘蔗种植中，甘蔗产量大幅提高，甘蔗含糖量也显著增加。他还通过与制糖企业合作，采用订单农业的模式，确保了甘蔗的销售渠道和价格稳定。通过应用农业科技，他的年收入从原来的几万元增加到了十几万元，生活水平得到了极大改善。分享这样的故事，可以让其他蔗农看到通过应用农业科技，蔗农不仅解决了生产中的问题，还实现了增收致富，激发受众对新品种新技术的好奇心和探索欲，从而打开传播推广的局面。

（四）表现形式趋势化：利用好新型表现形式提升传播广度和深度

目前，短视频和直播技术发展成熟，是当前及短期未来的重要阅读方式。针对于此，开发相应的传播内容势在必行。短视频和直播凭借其独特的优势，在农业科技传播中发挥着日益重要的作用，为农民获取科技知识和信息提供了新的便捷途径。短视频具有直观性强的特点，能够将复杂的农业科技知识以生动形象的画面展示出来。直播则具有实时互动性强的优势，能够实现农民与专家、技术人员的实时交流。许多成功的案例证明了短视频和直播在农业科技传播中的显著效果。在广西的一些农村地区，当地的农业技术推广部门与短视频平台合作，制作了一系列以当地农民为主角的短视频，展示他们在实际生产中应用农业科技的过程和成果。这些短视频在平台上发布后，受到了广大农民的关注和喜爱，播放量和点赞量都很高。通过观看这些短视频，许多农民学习到了新的种植技术，提高了农产品的产量和质量。一些农业专家和技术人员也通过直播平台开展农业科技讲座和培训，吸引了大量农民观看和参与。在直播过程中，农民积极提问，专家认真解答，形成了良好的互动氛围。通过这种方式，农民不仅学到了实用的农业科技知识，还增强了对农业科技的信任和应用意愿。

二、重塑传播渠道

在广西农业科技传播的实践中，传播渠道与方式呈现出多元化的态势，传统媒体、新媒体以及人际传播各自发挥独特优势，相互补充，共同构建起传播网络，为农业科技知识和信息的广泛传播奠定了坚实基础。然而，广西农业科技传播在渠道层面面临着不容忽视的挑战，这些问题直接制约了传播效能的发挥：传播渠道适配性不足是首要难题。传统媒体与新媒体在实际传播中常处于各自为政的状态，信息发布缺乏统一规划和协调，导致信息重复发布、内容不一致等现象频发。这不仅造成传播资源的严重浪费，还容易让受众陷入信息困惑，大幅降低传播效果。信息传播精准度不高是另一突出问题。广西农业科技传播在信息定位和受众分析方面存在明显短板，使得传播内容与受众需求脱节。在信息爆炸的时代，若无法做好信息分析、受众画像和精准推送，传播的内容便会被海量信息淹没，难以触达目标群体。解决传统媒体与新媒体融合不足以及信息传播精准度不高这两大问题，成为突破广西农业科技传播困境的关键，而传播渠道的重构或可提供有效的解题思路。

（一）推进融媒体传播平台建设

为了充分发挥传统媒体与新媒体的优势，实现资源的优化配置和传播效果的最大化，应大力推进融媒体传播平台建设，打破传统媒体与新媒体之间的壁垒，实现内容、渠道、平台、管理等方面的深度融合，形成全方位、立体式的传播矩阵，扩大农业科技信息的覆盖面、提高传播效果。

当前，推进融媒体传播平台建设是实现创新发展的关键路径，对于整合传统媒体与新媒体资源，打造全方位、立体式的农业科技传播格局具有重要意义。传统媒体在农业科技传播领域拥有深厚的根基和广泛的受众基础，其权威性和公信力为农业科技信息的传播提供了坚实保障。新媒体的崛起为农业科技传播带来了新的机遇和活力。一方面，网络平台凭借其强大的信息整合能力和便捷的传播方式，能够实现农业科技信息的快速传播和广泛共享，整合各类农业科技信息资源，为农民提供一站式的信息服务。另一方面，社交媒体具有互动性强、用户参与度高的特点，能够促进农民与农业科技专家、其他农民之间的交流与互动，形成良好的农业科技传播氛围。例如，抖音、微信等社交媒体平台上的农业科技知识分享、直播等活动，吸引了大量农民的关注和参与，有效提高了农业科技传播的效果；农业 App 则以其个性化、便捷化的服务，满足了农民随时随地获取农业科技信息的需求，为农民提供了农事提醒、病虫害诊断、市场行情查询等功能，成为农民生产生活中的得力助手。但新媒体也面临着信息真实性难以保证、内容碎片化等问题，在推进融媒体传播平台建设时须特别关注并加以规避。

（二）解决传播渠道的适配问题

1. 利用多种方法对受众进行细分，描绘用户图像，挖掘用户需求。为实现农业科技传播渠道与受众的精准适配，可综合运用问卷调查、实地访谈、大数据分析、人工智能技术等多种方法，深入、全面、精准地掌握了解科技用户的需求。

一是通过分层抽样的方式，确保问卷样本覆盖广西不同地区、不同类型的农民群体。例如，针对山区、平原、沿海地区分别设置不同比例的样本，以反映各地区用户的需求差异。同时，利用线上和线下相结合的方式发放问卷，线上通过网络平台发布问卷，扩大调查范围；线下组织调查人员深入农村和生产种植一线，直接面向农企、农民发放问卷，提高问卷回收率和有效率。

二是开展实地访谈，深入了解农业从业者的真实想法和实际需求。访谈围绕农业生产中遇到的问题、对新技术的期望、对现有传播渠道的评价和建议等方面展开，鼓励访谈对象畅所欲言，获取丰富、详细的一手资料。

三是借助现代信息技术对海量的农业科技信息和农民行为数据进行分析。通过收集用户在网络平台上的搜索记录、浏览行为、互动信息等，分析他们的兴趣点和需求趋势。例如，利用农业科技网站的访问数据，了解农户对不同农业科技主题的关注度；通过社交媒体平台上的受众群体讨论，掌握他们关心的热点问题。同时，结合气象数据、土壤数据、农产品市场价格数据等，分析这些因素与用户农业科技需求之间的关联，为精准推送农业科技信息提供数据支持。

四是通过人工智能的自然语言处理、机器学习等技术，对农业科技信息进行智能化分析和处理，提高信息传播的效率和质量。利用自然语言处理技术，将农业科技文献、技术资料等转化为通俗易懂的语言，便于农民理解和接受。通过机器学习算法，根据农民的历史行为数据和实时反馈，不断优化信息推送策略，提高推送的精准度。在农民浏览农业科技信息时，人工智能系统可以实时分析农民的行为，如浏览时间、点击内容等，根据分析结果及时调整推送内容，为农民提供更符合其需求的信息。人工智能还可以应用于农业科技咨询服务，通过智能客服机器人为农民提供 24 小时在线咨询服务，及时解答农民在生产中遇到的问题，同时，智能客服机器人可以快速检索知识库，为农民提供准确的防治方案和建议。

2. 针对不同受众群体制定不同渠道组合方案。根据受众需求调研与分析结果，针对不同地区、文化程度的农民，制定差异化的传播渠道组合方案。

一是针对不同地区的农民群体，因地制宜定制合适的传播渠道，以便实现高效快速传播。对于山区农民，由于当地交通不便、信息相对闭塞，可采用农村广播、宣传栏、乡土教材与科技特派员实地指导相结合的传播渠道组合。平原地区规模化农业发展程度较高，当地农民对信息的时效性和专业性要求较高，可采用农业科技网站、专业书籍、技术讲座与农业机械展销会相结合的传播渠道组合。

二是针对文化程度较高、学习能力和接受新事物能力较强的农民，可采用学术期刊、网络直播、农业科技论坛和线上课程相结合的传播渠道组合。学术期刊提供农业科技领域的前沿研究成果和学术动态，满足他们对专业知识的追求。网络直播邀请农业专家进行实时讲解和互动答疑，让农民能够及时与专家交流，解决疑惑。农业科技论坛为农民提供一个交流和分享的平台，他们可以在论坛上发表自己的观点、分享经验，探讨农业科技问题。线上课程涵盖各种农业科技专题，农民可根据自己的时间和需求自主学习，深入掌握相关知识。

三是针对中等文化程度、对农业科技有一定的认知和接受能力
的农民，可采用农业科普视频、宣传册、农业技术讲座与农村电商
平台相结合的传播渠道组合。农业科普视频以生动形象的画面和通
俗易懂的语言讲解农业科技知识，易于农民理解和接受。宣传册发
放到农户手中，内容简洁明了，重点突出，方便农民随时查阅。农
业技术讲座定期举办，由农业技术人员进行现场讲解和示范，解答
农民的疑问。农村电商平台不仅为农民提供农产品销售渠道，还可
在平台上发布农业科技信息、推荐优质农资产品，促进农业科技与
农业生产的结合。

四是针对文化程度较低的农民，可采用实地示范、顺口溜、乡
土教材与农村广播相结合的传播渠道组合。实地示范是最直观有效
的传播方式，通过在田间地头进行实际操作，让农民亲眼看到农业
科技的应用效果。顺口溜以朗朗上口的语言传播农业科技知识，便
于农民记忆和传播。乡土教材以本地语言和案例编写，贴近农民生
活，降低农民学习难度。农村广播定时播放农业科技信息，以简单
易懂的方式传达给农民。

三、构建支撑体系

（一）建立农业科技信息资源库

建立农业科技信息资源库，是整合和共享广西农业科技信息资
源的重要举措，对于提高农业科技传播效率、促进农业科技创新和
发展具有重要意义。资源库应涵盖丰富全面的内容，并建立科学合

理的共享机制，以充分发挥其在农业科技传播中的作用。

一是建设内容应包括农业科技成果信息、农业技术资料、农业专家信息、农产品市场信息等多个方面。在农业科技成果信息方面，收集整理广西乃至全国的最新农业科技成果，包括农作物新品种、农业新技术与新设备等，详细记录成果的研发单位、技术特点、应用范围、推广情况等信息，为农业科技成果的转化和应用提供参考。在农业技术资料方面，整合各类农业技术标准、操作规程、技术手册等资料，为农民和农业企业提供技术指导。收集整理不同农作物的种植技术资料，包括选种、播种、田间管理、病虫害防治等环节的技术要点和操作规范。在农业专家信息方面，建立农业专家数据库，收录农业各领域专家的基本信息、研究方向、联系方式等，方便农民和农业企业在遇到技术问题时及时咨询专家。在农产品市场信息方面，收集农产品市场价格行情、供求信息、市场动态等，为农民和农业企业的生产经营决策提供依据。

二是建设平台应建立完善的共享机制，实现农业科技信息资源高效利用。搭建统一的农业科技信息资源共享平台，整合各类信息资源，实现信息的集中管理和统一发布。建立信息共享的标准和规范，确保不同来源的信息能够在平台上进行有效整合和共享。制定信息分类标准、数据格式标准等，使各类信息能够按照统一的标准进行录入和管理。加强对信息资源库的维护和管理，定期更新信息内容，保证信息的时效性和准确性。安排专业人员负责信息的收集、审核、录入和更新工作，确保信息资源库的正常运行。鼓励科研机构、企业、农民专业合作组织等各类主体积极参与信息资源库的建设和共享，建立信息贡献激励机制，对提供有价值信息的主体给予一定的奖励和支持，提高各方参与信息共享的积极性。

（二）建立健全传播主体间的协同工作机制

在广西农业科技传播的实践中，传播主体间的协同困境成为制约传播效率和效果提升的关键因素，突出表现在缺乏有效合作与职责不清两个方面。一方面，各传播主体间缺乏有效合作，导致传播资源难以实现优化配置，传播合力难以形成。另一方面，传播主体职责不清，存在职责交叉和相互推诿现象。如政府部门在农业科技传播中承担着宏观调控和政策引导的职责，但在实际工作中，有时会过度干预具体的传播业务，影响其他传播主体的积极性和主动性；科研机构本应专注于农业科技研发和成果转化，但部分科研人员过于注重科研成果的发表，忽视了科技成果的传播和应用，导致一些先进的农业科技成果被束之高阁；企业在农业科技传播中具有市场导向和资源整合的优势，但有些企业为了追求短期利益，在传播过程中夸大产品功效，误导农民，损害了农民的利益，也影响了农业科技传播的公信力；农村专业合作组织在组织农民参与农业科技传播方面具有独特优势，但部分合作组织由于自身能力有限，无法有效发挥桥梁和纽带作用，导致农民获取农业科技信息的渠道不畅。

建立完善主体之间的协同工作体系，应该从三个层次推进：一是结合广西农业发展的实际情况和战略需求，制定科学合理的农业科技传播规划，明确农业科技传播的目标、任务、重点领域和实施步骤，为农业科技传播工作提供明确的方向和指导。二是整合农业科研院校、农业技术推广机构、企业、社会组织等各方资源，形成农业科技传播的合力。三是加强对农业科技传播工作的监督评估，建立健全监督评估机制。制定科学合理的评估指标体系，对农业科技传播的效果进行全面、客观、准确的评估，同时将评估结果作为考核相关部门和人员工作绩效的重要依据，激励各方积极参与农业科技传播工作，提高传播效果和质量。

（三）打造专业人才队伍

专业传播人才是提升农业科技传播质量的关键。通过高校教育和职业培训等多种途径，培养既懂农业科技又懂传播的复合型专业人才，是建立一支专业人才队伍的重要举措。

一是鼓励涉农高校和综合性大学开设农业科技传播相关课程。这些课程应涵盖农业科学基础知识、传播学原理、新媒体技术应用、农业科技写作等多个领域，构建全面系统的知识体系。在农业科学基础知识课程中，教授学生植物学、动物学、土壤学、农业生态学等专业知识，使他们对农业生产的各个环节有深入了解；传播学原理课程则介绍传播的基本理论、传播模式和传播效果等知识，让学生掌握传播的规律和方法；新媒体技术应用课程教授学生如何运用互联网、移动应用、社交媒体等新媒体平台进行农业科技传播，包括网站建设、App 开发、短视频制作、直播技术等；农业科技写作课程培养学生用通俗易懂的语言撰写农业科技文章、科普读物、宣传资料等的能力。通过这些课程，使学生具备扎实的专业基础和综合素养。高校还应加强实践教学环节，与农业科技企业、科研机构、媒体等建立实习基地，为学生提供实践机会。学生可以在实习基地参与农业科技传播项目的策划、实施和评估，将所学理论知识应用到实际工作中，提高实践能力和解决问题的能力。

二是针对在职人员和有意愿从事农业科技传播的人员，开展短期培训和进修。职业培训也是培养专业传播人才的重要途径。培训内容应紧密结合实际工作需求，注重实用性和针对性。可以邀请农业科技专家、传播领域的资深人士授课，分享最新的农业科技成果和传播经验。举办农业科技新媒体运营培训班，介绍农业科技新媒体平台的运营策略制定、用户分析、内容创作技巧等；开展农业科技传播策划与创意培训，教授如何策划有吸引力的农业科技传播活动，如何运用创意手段提高传播效果等。通过职业培训，提升学员的专业技能和业务水平，满足农业科技传播行业对人才的多样化需求。

（四）提升农民科技意识

农民作为农业生产的主体，其科技意识的高低直接决定了农业科技能否在实际生产中得到有效应用和推广。农民只有具备了较高的科技意识，才能积极主动地学习和采用新的农业科技成果，为科技传播、科技推广提供内生动力。但目前广西部分农民受教育程度较低，对新科技的接受能力有限，仍然习惯于传统的农业生产方式，对农业科技的重要性认识不足，这在很大程度上制约了广西农业现代化的发展进程。因此，提升广西农民的科技意识，具有极为紧迫的现实需求。

一是加大农民科技培训，提升广西农民科技素养。开展农民科技培训对于促进农业科技在农村地区的广泛应用和农业现代化发展具有重要意义。为了确保农民科技培训的效果，应建立完善的培训效果评估机制。通过问卷调查、实地走访、技能考核等方式，了解农民对培训内容的掌握程度、应用情况以及对培训的满意度，及时收集农民的反馈意见，发现培训过程中存在的问题和不足，以便对培训内容和方式进行调整和优化。

二是营造浓厚的农村科技文化氛围，提升广西农民科技意识、促进农业科技传播。增强农民的科技意识对于激发农民对农业科技的兴趣和热情、推动农业科技在农村地区的普及和应用具有深远影响。通过营造浓厚的农村科技文化氛围，能够让农民在潜移默化中受到科技文化的熏陶，增强农民对农业科技的认同感和接受度，激发农民学习和应用农业科技的积极性和主动性，为广西农业科技传播和农业现代化发展创造良好的社会环境。

第三节　广西农业科技传播的多维保障

一、组织保障

1. 建立政府主导的科技传播机构。 积极发挥政府部门传播主导作用，把农业科技传播与国家乡村振兴、农业强国、农业农村现代化等战略目标融合起来，成立农业科技传播指导中心，建立农业科技信息交流平台，组建自上而下的专业科技传播队伍，科学核定机构编制，合理配备机构岗位，明确县级农业部门在农业科技传播中组织实施、工作考核、人员调配、岗位聘用和晋升等方面的指导职责，落实乡镇农业科技传播工作责任，全面推行农业科技传播责任制度，将各项职能分解成具体任务，细化量化并落实到每个机构、每个岗位、每名农技人员，确保乡镇机构及农技人员有效履行职责。

2. 充实科技传播的社会力量。目前，农业科技传播队伍以政府机关、事业单位中的人员为主，但随着经济社会发展和农民群体需求的变化，农业科技传播趋于社会化、市场化、产业化发展。因此，出台鼓励和支持发展农村专业技术协会、农业志愿服务者等群众性组织的制度，采取购买服务等方式，引导农民专业合作社、村民委员会、村集体组织等社会力量参与农业科技传播。另外，调动各地科协部门参与传播，把科普工作与农业科技传播融合起来，形成具有地域特色的农业传播品牌。深入推进科技特派员制度，引导优质农业信息资源向农村流动，拓宽农业技术人员与农民之间的交流渠道，提升农业科技信息的传播效率，助力乡村振兴。

3. 借助科研团队丰富传播内涵。鼓励农业科研单位和涉农高等院校把农业生产中急需解决的技术问题列为研究课题，开展关键农业技术的引进、集成、示范和推广，将农业种养技术、病虫害防治等农民关注的热点列为科研重点，激发研究内核动力，发挥科研机构科教资源丰富、科研设施完善的优势，加大农业传播资源的供给。同时，把科研团队从事农业科技传播工作的实绩作为考核和职称评定的重要内容，促使科研成果通过技术人员进行推广传播，包括举办科普讲座、编写科普漫画、制作科普视频等，通过这些途径，科研团队把复杂的科研成果转化为通俗易懂的语言，让农民了解科学知识，提高农业科技传播水平。

二、政策保障

1. 出台系统的教育培训政策。开展基层农技人员教育培训，是农业科技传播长久发展的重要保障。要建立农技人员教育培训的组织平台，探索培训部门与产业部门权责清晰、分工协作、高效协同的科技管理机制。依托农业院校广泛开展培训和学历教育，分层分类开展农技传播专题培训，分行业分地域精准组织实施，在牛、鸡、羊、水产品、蔬菜、水果等优势产业上加大培训力度，采取集中办班、实地训练等方式，重点提高传播技能水平和实际操作能力。

同时，鼓励有条件、有资质的培训机构，探索农业知识传播职业技能鉴定方式方法，推动农业传播技术工作标准化发展。农业产业技术试验平台和专业机构，根据产业特点和发展需要，对所涉及的核心技术人员开展专题培训，为农业科技传播注入新鲜血液。

2. 制定明确的工作激励政策。将传播队伍人员的考评结果作为绩效工资分配、职务职级晋升、岗位调整、合同续聘解聘、评先评优的主要依据，将农业科技传播工作机构绩效考评结果与全体人员尤其是机构负责人的个人绩效挂钩，做到按绩取酬、奖罚分明。出台科技传播成效集体、个人奖励制度，进一步完善推荐、评审程序和标准，对在农业科技传播中做出贡献的单位和个人给予奖励，并将奖励指标向乡村基层和农业生产一线倾斜。

3. 完善创新的信息平台政策。利用大数据、云计算、人工智能、AR 等新一代信息技术在农业科技传播中的示范应用，探索"互联网＋农业传播"新模式。建立以基层为中心的农业科技传播网络平台，整合各行业、各区域农业实时数据，开发平台的搜索引擎、精确查找、下载资源等功能，研发农业科技传播平台移动 App、网页应用、小程序等，各地按不同的农业应用场景进行筛选应用，快速找到需要的科技资源。与电信、移动、联通等运营商签订农业科技信息连接农户手机端的搭建业务，让农业科技信息供求双方实时在线交流，建设特色鲜明、方便快捷的农业科技传播平台，为基层提供农业科学技术咨询、农业疫病诊断、良种良法推介、农业信息发布等服务，提高信息传播速度。

三、投入保障

1. 优化均衡的基础设施投入布局。加强农业科技传播基础设施在城市发展建设中的战略布局，指导各地建设具有地域、产业、学科等特色的农业科普基地。推动实施省、市、县、镇（乡）同步协作的农业科技传播机构建设项目，落实地方本级预算、建设用地、硬件采购等配套政策，为传播机构建设提供业务用房、培训设备、交通工具等设施，形成一体化、全覆盖的建设格局。鼓励有条件的地方因地制宜建设农业科技展览馆，支持和鼓励多方主体参与县乡一级的农业科技馆所等科普基础设施建设，引入第三方管理馆所日常运营，实现规范化、模式化、长效化管理。充分利用乡镇广播站、大舞台、村民活动中心等公共文化体育设施开展农业科普宣传和其他科普活动，提升农民科学文化素质。

2. 建立完善的科技传播人才机制。激发农业专业人才队伍科技传播的活力。建立常态化农业科技传播机制，做好对农民、农业相关科学和技术关切信息的及时搜集和响应。完善科学、严格的传播专家遴选标准，引入企事业单位的农业专业首席专家、种养专业高技能人才等力量，成立农业科技传播联盟，定期开展科技"三下乡"、农业科技宣传周等活动，切实解决农民所需所求所盼，扩大农业科技知识覆盖面。同时，制定完整的农业科技传播人才培养方案，从科研人员、科技管理人员，以及优秀的农类专业高校毕业生中选拔一批人员，对他们进行系统化的传播技能培训，并将其充实到现有的科技传播队伍中去。适当提高农业专业人才的工作地位和经济待遇，联合当地农业推广站、农业经营指导中心，深入田间地头，对农民开展各类作物科学管理技术、畜禽养殖技术培训，逐步提升基层农业科技知识水平。

3. 落实多元化的经费投入体系。一是发挥各地财政在推动提高农技人员待遇、改善传播条件、强化基层农业科技传播方面的职能作用，探索公益性传播和经营性服务相互配合发展的机制，扶持科技传播队伍进入家庭农场、农民合作社、龙头企业，提供技术增值服务。二是各地政府将农技传播经费列入同级财政预算，鼓励通过购买服务、项目补贴、以奖代补等方式支持农业科技传播发展。鼓励和引导社会资金、公益组织通过建设农业科普场所、设立农业科普基金、开展农业科普活动等形式投入传播事业。针对从事农业科技传播服务的人员，出台特定额度优惠的税收、信贷等支持措施，激活传播队伍活力。三是建立农业科技传播工作经费的长效机制，按照农业传播规模和传播实效落实经费支出比例，对传播有特色、有成绩、有影响的地区加大补助力度，分梯队、分层级进行奖补。另外，设定最低经费标准，保证农业科技传播的服务质量，最大限度体现传播工作的公益属性。各级财政实行专款专用，全额保证农业科技传播人员的工资福利待遇。

四、规划保障

1. 实施农业科技传播基础设施优化提升行动。 全面提升农业科技传播的基础设施服务能力，推动公共设施和馆所传播工作开展，研究出台农业科技传播基地认定标准与管理办法，借助龙头企业、特色产业园区等平台，培育一批示范性传播基地，新增一批重点行业传播基地。探索设立县、乡两级公共设施、公共场所农业传播基地改革试点，引导农业宣传活动与农民生产生活有机衔接。开展农业信息数据资源提升专项行动，推进城市、县域、乡镇三级云网基础设施优化布局，加大力度补齐农村网络覆盖短板，让手机成为新时代农民获取信息的"新农具"。针对农村老年人等重点人群，设立精准、便捷、易懂的农业信息服务站，由政府统一提供硬件设施、建立服务体系，定期派驻科技人员到田间地头现场教学，解决难题，打破信息传播的代际隔阂。

2. 实施农业科技传播能力建设提效行动。 各地政府统筹优化农业科技推广工作力量，保障县、乡农业科技信息传播队伍稳定、人员到位、经费充足。农业科技传播机构对照职责，形成服务清单，建立有效下沉机制，推动农业信息资源向基层组织流动。引导有条件的地区开展县乡两级协同传播试点工作，探索形成可复制、可推广的组织模式。同时，加大力度引进农业高层次人才加入传播队伍，吸收当地网络达人、热门公众号、新兴媒体等力量充实推广队伍，带动传播农业科普信息，增强农业信息服务乡村振兴的力量。育好用好乡土专家，广泛挖掘、培育乡土人才，组织推广员、技术员、种养大户观摩示范基地、学习产业技术，切实推动人才资源与农业发展同步进行、互促共进。

3. 实施农业科技传播激励机制提质行动。 推动农业科技传播设置奖惩机制，将奖励与传播出实效、有成绩相互挂钩。探索在评比表彰中设立农业科技传播工作先进集体和先进工作者项目，增加以个人为主的奖励类型。进一步完善科技传播人员的培养、使用、评价、激励机制，在职称评审评价中，拓宽传播从业者的职业上升通道，鼓励把科技传播工作成效作为职称评聘和业绩考核的重要参考。健全科学的传播评价和监督机制，促进传播的规范化和科学化，提高传播的可信度和公信力，确保科学传播的真实性、准确性和权威性。同时，对社会团体、公司机构等从事农业科技传播的组织，予以税收优惠，引导社会力量加入其中。鼓励社会兴办专业的农业科技传播企业，发展技术推广事业，出台对农业类信息资源相关影视、报纸、新媒体科普等产业支持政策。

埃弗雷特·M. 罗杰斯，1983. 创新扩散 [M]. 纽约：自由出版社，伦敦：柯利尔·麦克米伦出版社.

陈崇山，2003. 谁为农民说话——农村受众地位分析 [J]. 现代传播（3）：35-37.

陈阳，2007. 大众传播学研究方法导论 [M]. 北京：中国人民大学出版社.

陈志兴，2005. 农业科技传播与运行机制构建的法律思考 [J]. 农业科研经济管理（3）：35-37.

程曼丽，2007. 国际传播主体探析 [N]. 中华新闻报，5-23（C01）.

丹尼斯·麦奎尔，斯文·温德尔，2008. 大众传播模式论 [M]. 祝建华，译. 2版. 上海：上海译文出版社.

丁亮，樊志民，2015. 我国农业科技信息传播的现状、问题与对策 [J]. 云南行政学院学报，17（3）：115-118.

董成双，等，2006. 农业科技传播 [M]. 北京：中国传媒大学出版社.

段鹏，2008. 传播效果研究——起源、发展与应用 [M]. 北京：中国传媒大学出版社.

范青，何志武，高山，2022. 媒介接触视域下农业科技传播的影响因素研究 [J]. 华中师范大学学报（自然科学版），56（4）：594-602.

方晓红，2002. 大众传媒与农村 [M]. 北京：中华书局.

高启杰，2007. 农业推广的发展趋势与推广学的理论体系［J］. 古今农业（4）.

高启杰，2010. 中国农业推广组织体系建设研究［J］. 科学管理研究，28（1）：107-111.

高启杰，2019. 在乡村振兴背景下审视农业与农村发展［J］. 新疆师范大学学报（哲学社会科学版），40（3）：2，52-63.

关妮纳，罗书瑾，2023. 试论媒介对农业科技传播的影响力［J］. 新闻潮（2）：28-30.

郭建新，惠富平，2022.《中华农学会报》与近代农业科技传播［J］. 西北农林科技大学学报（社会科学版），22（2）：151-160.

郭凯凯，高启杰，2022. 农村电商高质量发展机遇、挑战及对策研究［J］. 现代经济探讨（2）：103-111.

郭庆光，2011. 传播学教程［M］. 2版. 北京：中国人民大学出版社.

侯丹丹，李海燕，邬震坤，等，2019. 新媒体环境下农业科技知识传播实证研究——以"农科专家在线"为例［J］. 中国农学通报，35（32）：158-164.

胡正荣，2023. 传播学总论［M］. 3版. 北京：清华大学出版社（1）：102-111.

黄家章，2010. 我国新型农业科技传播体系研究［D］. 北京：中国农业科学院.

黄家章，李思经，2011. 我国农业科技传播研究的现状、问题与对策［J］. 江苏农业科学（1）：516-518.

黄时进，2010. 科学传播导论［M］. 上海：华东理工大学出版社：17-18.

黄天柱，2008. 中国农业科技推广体系改革与创新［M］. 北京：中国农业出版社.

敬廷桃，易婧，姚永红，等，2018. 我国农业科技传播现状、问题与对策［J］. 江西农业（2）：116-117.

拉扎斯菲尔德，等，2012. 人民的选择：选民如何在总统选战中做决定［M］. 唐茜，译. 3版. 北京：中国人民大学出版社.

刘凯，2015. 印尼农业科技传播的组织问题研究［D］. 南宁：广西大学.

刘立成，刘颖，2019. 基于气候变化的现代农业科技传播体系构建 ［J］. 中国农
学通报，35（27）：121‐127.

刘松博，龙静，2009. 组织理论与设计 ［M］. 2 版 . 北京：中国人民大学出
版社.

欧阳静，2006. 科技特派员工程：农业科技传播的创新模式 ［J］. 科普研究
（2）：19‐25.

邵培仁，2007. 传播学（修订版）［M］. 北京：高等教育出版社.

威尔伯·施拉姆，丹尼尔·勒纳，1976. 传播学与变革 ［M］. 夏威夷：夏威夷
大学出版社.

吴德进，2008. 构筑现代农业科技传播体系——以福建省为例的分析 ［J］. 福建
论坛（人文社会科学版）（10）：115‐118.

肖畅，2023. 基于文献计量学的中国农业科技传播研究发展趋势探析 ［J］. 湖北
开放大学学报，43（6）：51‐57.

肖燕，2022. 农业科技传播新模式的实践与思考：以湖南省农学会科技服务站建
设为例 ［J］. 湖南农业科学（9）：94‐98.

熊彼特，1934. 经济发展理论 ［M］. 剑桥：哈佛大学出版社.

熊银解，傅裕贵，等，2004. 农业技术：管理、扩散、创新 ［M］. 北京：中国
农业出版社.

许静，2023. 传播学概论 ［M］. 3 版 . 北京：北京大学出版社（11）：6‐9.

约恩·德尔曼，1993. 中国农业推广——农业革新及变革中的行政干预之研究
［M］. 汉堡：亚洲研究所出版社.

赵惠燕，胡祖庆，杨梅，等，2009. 以农民为主体的农业科技传播网络及传播模
式创新与实践 ［J］. 西北农林科技大学学报（社会科学版），9（4）：14‐18.

J. D. 贝尔纳，1982. 科学的社会功能 ［M］. 陈体芳，译 . 北京：商务印书馆：
398‐418.

Lasswell Harold，2015. 社会传播的结构与功能 ［M］. 北京：中国传媒大学出
版社.

R. D. 罗宾逊，1991. 国际技术传播读本 [M]. 牛津：泰勒与弗朗西斯出版集团.

McCombs M E，Shaw D L，1972. The agenda - setting function of mass media [J]. Public Opinion Quarterly，36（2）：176 - 187.

McLuhan M，Fiore Q，1967. The Medium is the Massage：An Inventory of Effects [J]. Bantam Books.

National Telecommunications and Information Administration，1999. Falling through the net：Defining the digital divide [EB/OL]. https：//www. ntia. doc. gov/report/1999/falling - through - net - defining - digital - divide.

Rogers E M，Shoemaker F F，1962. Communication of innovations：A cross - cultural approach [M]. Free Press.

图书在版编目（CIP）数据

新质生产力赋能：广西农业科技传播的实践与创新
研究 / 许忠裕，关妮纳，李双主编. -- 北京 ：中国农
业出版社，2025. 8. -- ISBN 978-7-109-33706-0

Ⅰ. F327.67

中国国家版本馆 CIP 数据核字第 20252FP188 号

中国农业出版社出版

地址：北京市朝阳区麦子店街 18 号楼
邮编：100125
责任编辑：潘洪洋
版式设计：王　晨　　责任校对：李伊然
印刷：北京印刷集团有限责任公司
版次：2025 年 8 月第 1 版
印次：2025 年 8 月北京第 1 次印刷
发行：新华书店北京发行所
开本：700mm×1000mm　1/16
印张：10
字数：106 千字
定价：72.00 元